Edition Rarissima

**Der Verlag
dankt allen beteiligten
Museen, Bibliotheken und Bildarchiven
für die freundliche Unterstützung**

Repros: Witzemann & Schmidt, Wiesbaden

Satz, Druck u. Herstellung: Oscar Brandstetter
Druckerei GmbH & Co KG,
Wiesbaden

Printed in Germany

ISBN 3-9800992-1-0

Petra Schramm

Der Mensch und sein Geld im Spiegel der Kunst

Edition Rarissima

Inhalt

Zum Geleit

Wer von der Kulturgeschichte des Geldes spricht, denkt meist an die Entwicklung von vormünzlichen Zahlungsmitteln zu Münzen und Papiergeld und an Numismatik. Dieses Buch will einen anderen Aspekt beleuchten: das sich wandelnde Verhältnis der Menschen zum Geld.

Wer sich davon eine lebendige Vorstellung machen will, der muß – mindestens bis zur Erfindung der Fotografie – in den Spiegel der bildenden Kunst schauen. Von Moskau bis Minneapolis, von Stockholm bis Neapel finden sich in Museen, Galerien und Privatsammlungen Werke der Kunst und des Kunsthandwerks, deren zentrales Thema das Geld ist. In diesem Bildband sind einige der schönsten zusammengetragen, die – eingeengt auf das Thema – mehr als fünf Jahrhunderte europäischer Kultur repräsentieren.

Der Betrachter, der beim Stichwort Geld zunächst nur „Kauf und Verkauf" assoziiert, wird überrascht sein, in welch starkem Maße das Thema Geld mit Mythos, Religion, Moral, Philosophie – mit allen Bereichen menschlicher Existenz verknüpft ist. Der an sich wertneutrale Begriff Geld bekommt durch die Zusätze „viel" und „wenig" die Inhalte „Reichtum" und „Armut", also Inhalte, die Affekte, nämlich Neid oder Mitleid, auslösen. Beschreibt man das Verhältnis der Menschen zu ihrem Geld, so sieht man sich in einen ganzen Kosmos von Moralbegriffen versetzt: Sparsamkeit und Verschwendungssucht, Geiz und Barmherzigkeit, Habgier, Hochmut, Sicherheit ... Geld ist wie Quecksilber, es schillert und verändert sein Aussehen bei geringster Berührung. Die alten Römer ordneten deshalb ihrem Gott des Geldes, Merkur, Quecksilber als Metall zu.

Nicht nur für den einzelnen Menschen, auch für die verschiedenen Epochen läßt sich eine charakteristische Beziehung zum Geld ausmachen, die dem jeweiligen Lebensgefühl, dem Zeitgeist entspricht.

„Ein Bild sagt mehr als tausend Worte"! Wenn dieser Satz stimmt, dann würde dieses Buch auf dem ästhetisch reizvollen, abwechslungsreichen Umweg über die Kunst in ein Stück schwieriger abstrakter Kulturgeschichte eindringen. Geld in den verschiedenen Lebensbereichen, Geld in den verschiedenen Epochen, Geld in den Händen unterschiedlicher Menschen – die Bilder sprechen für sich. Die begleitenden und ergänzenden Texte sind für den interessierten Laien konzipiert, nicht für den Fachmann. Auf Vollständigkeit wurde ebenso verzichtet wie auf strenge Systematik. Der Band will eher Feuilleton als wissenschaftliches Fachbuch sein.

Geld und Kommerz

Bilder des Geld- und Handelswesens aus neun Jahrhunderten sind in diesem Kapitel chronologisch aufgeführt. Der Bogen spannt sich von einfachen Miniaturen bis zum Börsen-Bild des beginnenden 20. Jahrhunderts.

Alte Handschriften und Chroniken zeigen in zunächst noch primitiver Maltechnik ebenso primitive Kaufvorgänge unter offenem Himmel. Im Laufe der Jahrhunderte werden die Miniaturen feiner gezeichnet und reichhaltiger, sie beziehen nun auch den Hintergrund mit ein. Der Handel hat seine Schauplätze inzwischen vom freien Feld in reich ausgestattete Kontore und Kaufgewölbe verlegt, die Tracht der Kaufleute ist reicher und luxuriöser geworden – dadurch können die Buchmaler auch ausführlicher beschreiben.

Bis in die Mitte des 15. Jahrhunderts hinein sind die Darstellungen von Geld und Kommerz in die künstlerische Randzone Buchmalerei abgedrängt, während sich die „große Kunst“ nur sakralen Themen widmet. Dann geschieht kulturgeschichtlich etwas Sensationelles: Mit dem neuen Interesse des Renaissancemenschen an der Realität, mit seinem Drang, die Umwelt wissenschaftlich und akribisch abbildend zu erfassen, wird auch die profane Welt der Handelsherren für die großen Künstler abbildenswert. Und von da ab machen auch alle anderen Bereiche der Kunst und des Kunsthandwerks, die Druckgraphik, die Bildwirkerei, die Hinterglasmalerei, auch die Elfenbeinschnitzerei und die Porzellankunst den Umgang mit Geld, das Handeln und Bezahlen zum Gegenstand ästhetischen Beschauens.

Dies gilt uneingeschränkt für Renaissance und Barock. Mit dem Ende des 19. Jahrhunderts läßt das Interesse der bildenden Künste am Thema Geld und Kommerz nach – quantitativ und qualitativ. Kunstdarstellungen werden nicht nur immer seltener, sie verändern nun auch ihre Ausdrucksformen: das Interieur, die Hintergrundszenerie wird karger, undeutlicher und beginnt, sich in Eindrücken und Stimmungen aufzulösen (S. 31).

Vom Impressionismus an sind Geld und Kommerz ebensowenig Thema der Kunst wie sie es im Mittelalter waren. Für dieses merkwürdige Phänomen – denn die Auswirkungen des Geldes auf den Menschen sind heute ja keineswegs geringer als früher – bieten sich mehrere Erklärungen an. Einmal konkurriert die Fotografie in ihrer optischen Wirklichkeitserfassung mit der Kunst, die daraufhin neue Ausdrucksmöglichkeiten sucht. Zum zweiten ist das Leben mit der beginnenden Industrialisierung in Kleidung, Mobiliar, Räumlichkeiten immer nüchterner, immer funktioneller und immer uniformer geworden. Börsen und Banken, Büros und Ladengeschäfte haben nicht mehr den dekorativen Reiz früherer Jahrhunderte. Entscheidend aber mag sein, daß das Geld über Jahrtausende hinweg geprägtes Gold oder Silber war, das den gewissen mythisch-magischen Zauber dieser Metalle in sich trug und das durch seine Prägung von so hohem ästhetischen Reiz war, daß es als Schmuck getragen und als numismatischer Sammelgegenstand geschätzt wurde. Was könnte dagegen am Papiergeld zur Darstellung reizen? Ohne materiellen Wert, ohne Zauber ist es ein nüchternes, meist unansehnliches Stück Papier, das seine Anziehungskraft nur aus seiner Eintauschbarkeit bezieht.

Es ist leichter über Geld zu schreiben, als es zu verdienen, und diejenigen, die es verdienen, spotten daher viel über die, welche nur darüber schreiben können.

Voltaire

Geld ist wirklich nicht alles – aber ohne Geld ist alles nichts.

Churchill

Von den Fähigkeiten des Menschen wird im Geschäftsleben die Zahlungsfähigkeit am meisten geschätzt.

Gerhard Schmidtchen

Rhabanus Maurus: „Kauf einer Gans“

Rhabanus Maurus (780–856), Abt in Fulda, später Erzbischof von Mainz, war der berühmteste Gelehrte seiner Zeit. Sein Ehrentitel lautete „praeceptor Germaniae“. In seinen Schriften trug er den Wissensstoff aus den antiken Schriftstellern, den Kirchenvätern und den Werken des frühen Mittelalters zusammen. Damit schuf er die Grundlagen für eine enzyklopädische Literatur.

Sein Hauptwerk, eine zweiundzwanzigbändige Enzyklopädie, die wie fast alle Literatur dieser Zeit theologisch zugeschnitten ist, heißt: „De rerum naturalis“. Ihr ist die Buchillustration „Verkauf einer Gans“ entnommen. Zwei Gründe gibt es dafür, daß ein so alltäglicher Vorgang wie das Kaufen und Verkaufen in einem so berühmten, wissenschaftlichen Buch illustriert worden ist:

In einer Zeit, in der 90% der Bevölkerung Analphabeten waren, kam es zunächst darauf an, die Buchinhalte anschaulich und dadurch verständlich zu machen – zu visualisieren, wie wir heute sagen würden (eine Tradition, die in der enzyklopädischen Literatur bis heute übrigens weitergeführt wird). Zum anderen soll die Illustration den moralischen Appell des Textes besonders hervorheben – es ist eine gemalte Höchstpreisverordnung: Ein Silberdenar für eine Gans – das war recht und billig, gleichgültig, ob eine Mißernte die Lebensmittel hatte knapp werden lassen oder nicht.

Wer in Zeiten der Not mehr als diesen einen Silberdenar verlangte, trieb nach theologisch begründeter Ansicht Wucher, was als schwere Sünde verdammt wurde. Der Sinn dieser Abbildung war es, diese Regel auch dem Analphabeten begreifbar zu machen.

Miniatur aus der Enzyklopädie des Rhabanus Maurus:
„Kauf einer Gans“
(aus einer 1023 gefertigten Abschrift);
Bibliothek von Monte Cassino

Boethius-Miniatur: „Das Vergraben des Münzschatzes“

Vorräte horten, Geld sparen – ein uraltes menschliches Verhaltensmuster. Vor 600 Jahren, als diese Handschrift entstand, blieb dem Menschen – Banken und Sparkassen in unserem Sinne gab es ja nicht – nur eine Möglichkeit, sein Geld aufzubewahren und vor dem Zugriff anderer zu schützen: Er hortete die Münzen, insbesondere Goldmünzen, und vergrub sie in Tonkrügen. Die meisten aus dieser Zeit erhaltenen Münzen stammen von Schatzfunden aus solchen Verstecken, die von ihren Eigentümern nicht mehr geborgen wurden.
Natürlich war diese Form der Thesaurierung (= Horten, von griechisch ›thesauros‹ Schatzhaus) ziemlich unsicher und häufig Zufallsentdeckungen ausgesetzt. Und jedesmal, wenn so ein Schatzfund bekannt wurde, beflügelte und erregte er die Phantasie der Menschen. Kein Wunder, daß Schatzfunde und Schatzgräber eine so große Rolle in Sage, Märchen und Aberglaube spielen.
Diese Miniatur illustriert aber auch das doppelte Problem historischer Finanzpolitik: Einmal wurde dem „Geldmarkt“ durch diese Art der Thesaurierung Kapital entzogen, das dadurch nicht mehr als Kredit zur Verfügung stand; zum anderen wurde das Währungsmetall Gold knapp. Die staatliche Reaktion ließ nicht lange auf sich warten: Beim Neuprägen der Münzen wurden Feingehalt und Gewicht nicht mehr eingehalten, die Münzen wurden schlechter. Damit schwand aber auch das Vertrauen der Menschen in die monetäre Stabilität. Die Folge solcher Entwicklung waren meist Inflation und Wirtschaftskrise.

Miniaturbild aus der sogenannten Boethius-Handschrift
(1384 von Geoffrey Chaucer ins Englische übertragen):
„Das Vergraben des Münzschatzes“;
London, Britisches Museum

Richentalchronik: „Der Fischmarkt“

Bildende Kunst und Literatur haben sich in der Gotik zuerst nur mit sakralen Themen befaßt, sich dann dem Höfischen und schließlich – am Übergang zur Renaissance – bürgerlicher Thematik zugewandt oder mindestens die bürgerliche Umwelt als Rahmen benutzt. Zu Beginn dieser neuen bürgerlichen Dichtung stehen auch mehrere Versuche, das Zeitgeschehen festzuhalten und dabei besonders die beiden wichtigen Ereignisse des frühen 15. Jahrhunderts: das Konstanzer Konzil und die Hussitenkriege. Ulrich Richental hat in seiner „Chronik des Konstanzer Konzils“ einen lebendigen Bericht seiner Zeit gegeben. In einem solchen nicht streng wissenschaftlichen Buch haben die Illustrationen ergänzenden Charakter.

So gibt die Abbildung „Der Fischmarkt“ nicht nur die wichtigsten Informationen weiter, ohne sich in schmückendem Beiwerk zu verlieren, sie läßt auch in signifikanter Gestik und Mimik der feilschenden Personen einiges von der Lebendigkeit des Marktgeschehens deutlich werden. Die Darstellungsweise ist dabei dem Anliegen des Bildes angepaßt, nämlich seinen Betrachter zu informieren. Trotz der Schrägstellung des Tisches ist auf eine wirklich perspektivische Anlage verzichtet worden; dadurch bekommen Menschen und Dinge eine an jeder Stelle gleiche Gewichtigkeit. Als historisches Dokument ist die Abbildung deswegen besonders interessant, weil sie einerseits die häufigsten Speisefische der damaligen Zeit erkennen läßt (Forellen, Karpfen, Hecht und natürlich auch die Flußkrebse) und weil sie andererseits auch zeigt, daß Fische nicht nur als Frischware (auf dem Tisch liegend) angeboten wurden, sondern auch im Konservierungszustand, nämlich geräuchert (hängend) und mariniert (in Fässern).

Hierbei muß man sich daran erinnern, daß Fisch bis zum Industriezeitalter in der Ernährung der Bevölkerung eine erheblich größere Rolle spielte als heute. Dies hatte zwei Gründe: Vieh wurde überwiegend extensiv in Weidewirtschaft gehalten – meist auf schlechten Böden, im Wald oder auf abgeernteten Feldern – und war dadurch in einem schlechten Futterzustand. Fleisch war also knapp und teuer. Fisch bot sich als proteinreiches Ausweichnahrungsmittel an. Dazu kamen die Fastenregeln der katholischen Kirche, die die Bedeutung des Fisches noch weiter steigerten.

So manches Kloster wurde – wie alle Zisterzienserklöster – deshalb in der Nähe eines fischreichen Gewässers gegründet.

Buchmalerei aus der Konstanzer Richentalchronik von 1418:
„Der Fischmarkt";
Konstanz, Rosengartenmuseum

Miniatur: „Das Kaufmannsgewölbe“

Auch diese französische Miniatur beschreibt, wie die vorangestellte Buchmalerei, eine Handelsszene, doch spielt sie in einer ganz anderen Welt, und die Akteure kommen aus einer anderen sozialen Schicht. Die Richenthalchronik erzählt von einer Handelsszene wie sie sich so oder ähnlich im ganzen Mittelalter abspielte: Unter freiem Himmel, auf Märkten und Messen wechselten die elementarsten Dinge des täglichen Bedarfs ihren Besitzer.

Hier tritt an die Stelle des freien Himmels eine sorgfältig gestaltete Kulisse: Ein Gewölbe, dessen Bögen von schlanken, kapitellgeschmückten Säulen getragen werden, schützt das erlesene Inventar, einen Schrank mit Schnitzverzierungen, Regal, Tisch mit Decke, Truhe. Im Kamin flackert ein Feuer, damit sich der Kauf möglichst angenehm gestaltet. Und angeboten wird nicht etwa, was man unbedingt braucht, sondern reine Luxusartikel, Prunkgeschirre aus Gold und Silber, Schmuck, farbige Stoffe und modische Schnabelschuhe.

Die Renaissance hatte den Städten so etwas wie ein Wirtschaftswunder beschert. Dadurch konnten die Kaufleute, statt nur irgendwo auf dem Markt einen provisorischen Stand aufzuschlagen, seßhaft werden und Ladengeschäfte einrichten. Der Handel mit Luxusgütern wuchs ständig und bezog auch immer häufiger Exotisches mit ein, je mehr ausländische Märkte sich dem Handel eröffneten.

Natürlich gab es solche luxuriösen Kaufläden nur in den größeren Handelszentren – allen voran Paris, das gerade im 14. und 15. Jahrhundert in rasanter Entwicklung zur Handelsmetropole emporwuchs. Das lag zum einen an seiner verkehrsgünstigen Lage, die es zum idealen Handels- und Bankenzentrum zwischen England und Deutschland, den Niederlanden und dem Mittelmeer machte, zum anderen daran, daß hier in Paris der König residierte mit seinem sich immer stärker aufblähenden Hofstaat; hierher flossen die Steuern aus ganz Frankreich; hier konzentrierte sich die Kaufkraft des Hofes und sein Bedürfnis nach Repräsentation und Luxus.

So erklärt sich auch das ganz andere Erscheinungsbild der Käufer und Verkäufer. War es auf dem Fischmarkt der Richenthalchronik der einfache Mann, der für sein „täglich Brot“ sorgte, so sind es im Pariser Kaufmannsgewölbe die Arrivierten, die Höflinge, die reichen Bürger, in pelzverbrämter Gewandung, mit ausgefallenen Hüten und modischen Schuhen, die aus Freude am Schönen und Seltenen kaufen.

Miniatur aus einer französischen Handschrift des 15. Jh.s:
„Das Kaufmannsgewölbe“;
Rouen, Bibliothèque municipale

Miniatur: „Der Bankier“

Der Berufsstand „Bankier“, so wie wir ihn heute kennen, kommt aus den oberitalienischen Stadtstaaten und machte von da aus rasch in ganz Europa Karriere. Sein Name leitet sich her von italienisch ›banca‹ großer Tisch, auf dem die verschiedenen Münzsorten zum Wechseln ausgebreitet lagen.

Heute fällt es uns schwer, Umfang, Bedeutung und Schwierigkeiten des Geldwechselns im 14. und 15. Jahrhundert richtig einzuschätzen. An den zentralen Handelsplätzen waren es damals immer mehrere hundert verschiedene Währungen, die gewechselt werden mußten. Die Relationen waren dabei ständig in Bewegung durch Münzverschlechterung (Inflation) oder Münzverrufung (Außerkraftsetzen) der verschiedenen Münzen. Ein Bankier mußte diesen mehrere hundert Einheiten umfassenden Geldmarkt jederzeit richtig beurteilen können, wollte er nicht schweren Schaden nehmen und schließlich zahlungsunfähig werden, was die Obrigkeit mit der Zerschlagung seines Banktisches, ›banca rotta‹, daher bankrott, quittiert hätte.

Aus der Wirtschaftsgeschichte wissen wir, daß das Münzwechselgeschäft zwar die erste, aber keineswegs die einzige Tätigkeit der Bankiers war. Die berufliche Abgrenzung zwischen Großkaufleuten, Bankiers und Juwelieren war längst nicht so scharf wie heute. So kam z. T. der Handel mit Edelsteinen und Juwelen dazu und bald auch das Giro-, Depositen- und Kreditgeschäft. Diese abstrakten finanziellen und wirtschaftlichen Vorgänge ließen sich aber zeichnerisch nicht so gut ins Bild setzen wie das Wechseln der Münzen. Daran mag es liegen, daß der Bankier in den Miniaturen des 14. und 15. Jahrhunderts reichlich stereotyp dargestellt wurde: Der ›banchero‹ sitzt hinter einem großen Tisch, auf dem Münzen und Münzbeutel aufgehäuft sind; er prüft, wiegt oder sortiert die Münzen; im Hintergrund stehen randvoll mit Geld gefüllte Kisten und Truhen. Immer wird der Bankier in prachtvollem Gewand gezeigt, und immer ist das Bankkontor mit allen Merkmalen des Reichtums ausgestattet. Liebevoll und mit viel Phantasie variiert wird an diesem szenischen Grundmuster, das so viele Miniaturen dieser Zeit aufweisen, lediglich das Mobiliar des Kontors und die Tracht des Bankiers.

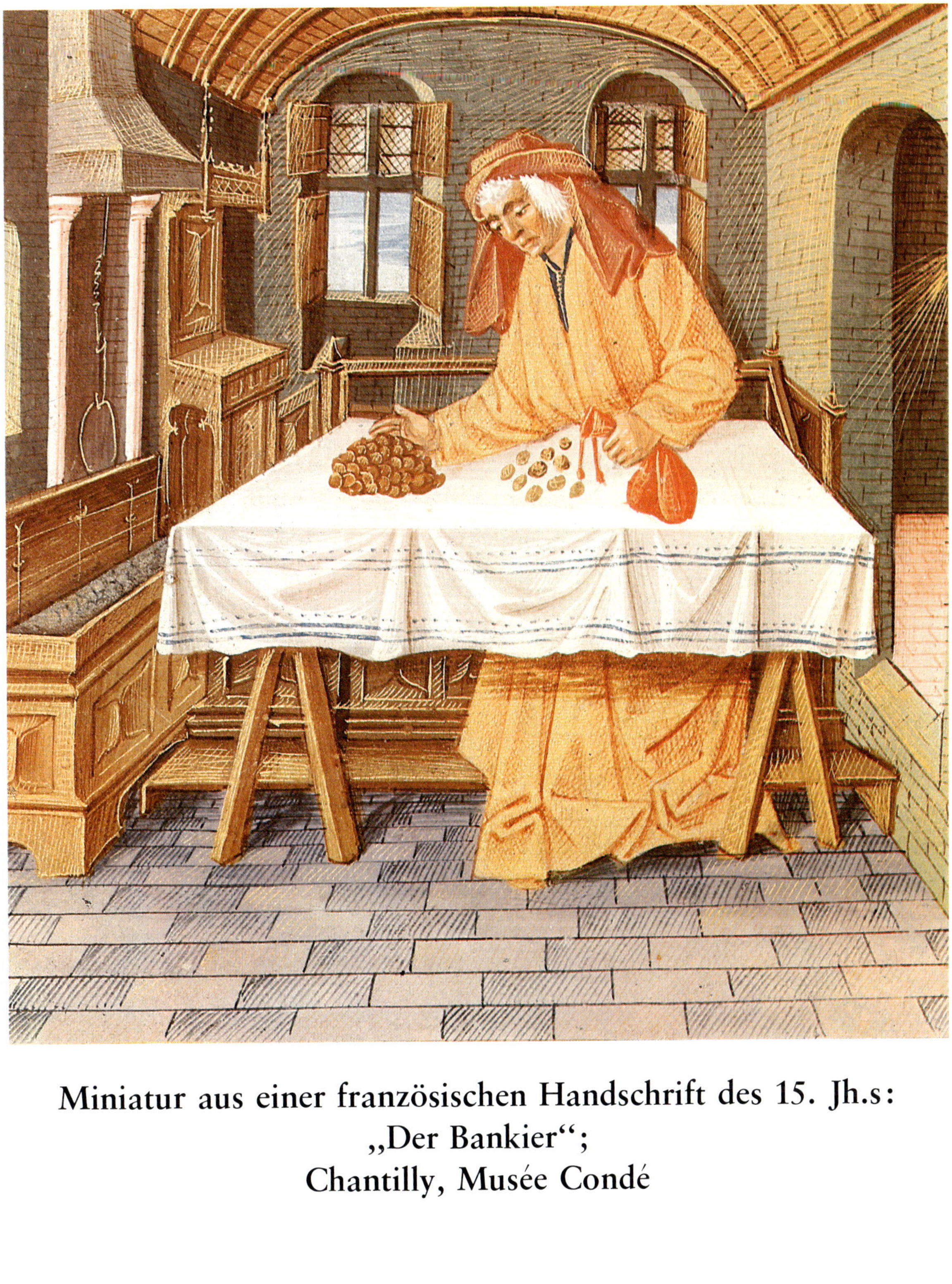

Miniatur aus einer französischen Handschrift des 15. Jh.s:
„Der Bankier";
Chantilly, Musée Condé

**Werkstatt des Quinten Massys (um 1465/66–1530): „Handel ums Huhn"
Dresden, Gemäldegalerie Alte Meister**

Das Werk des Quinten Massys hat zwei Schwerpunkte, die sakrale Kunst seiner Altarwerke und das sogenannte Genrebild. Im Genrebild wird der profane Alltag ohne oder fast ohne religiösen, moralischen oder philosophischen Hintergrund dargestellt. In unzähligen Varianten finden sich solche „Sittenbilder", die auf idealistische Überhöhung verzichten: der Bauer auf dem Hof, die Magd in der Küche, die Frau beim Nähen, die Katze in der Sonne ... Das erwachte Interesse am Erfassen von Mensch und Ding in seiner Wirlichkeit hat die Künstler dazu bewegt, ihre Bilder nicht mehr als Lehre oder Botschaft, sondern als „wahres" Abbild, einem fotografischen

Schnappschuß vergleichbar, zu konzipieren. Eine betont realistische Malweise mit einer offenkundigen Freude am Detail bricht sich Bahn.

Die Genremalerei wird für den heutigen Betrachter zum Dokument. „Der Handel ums Huhn“ spielt sich im Hause eines Bankiers oder eines reichen Kaufmanns ab. Der szenische Hintergrund ist dabei so präzise gestaltet, daß man sogar die Bleimuster der Fensterverglasung erkennen kann. Prunkgefäße stehen als Schmuck neben den Geschäftsbüchern, einem Beutel und abgelegten und im Bündel an einen Nagel gehängten Schriftstücken. Auf dem Tisch liegt das Arbeitsmaterial: Geldbeutel und Münzen, Waagschale und Gewichte, Dokumente und wieder Geschäftsbücher.

In diese Welt ist nun das Bauernpaar mit seinem Huhn, das in einem mit Eiern gefüllten Korb sitzt, hineingeplatzt, und es beginnt ein lebhaftes Feilschen.

Lebendig wird dies in erdig-warme Brauntöne getauchte Bild durch die Verschränkung der beiden Paare, die auch die sozialen Gegensätze noch betont. Der Reiche trägt über einem kostbaren, seidig glänzenden Hemd den pelzbesetzten Rock, die sogenannte Schaube, eine Pelzkappe, die ebenfalls als Statussymbol galt, und an seinen gepflegten Händen mit den langen, feingliedrigen Fingern zwei Ringe. Der Bauer hat seine Mütze respektvoll abgenommen und hält sie in seiner sonnengegerbten breiten Hand fest an die Brust gedrückt, so als suche er Halt; er trägt sein Hemd aus grobem Tuch offen. Die Gesten der beiden drücken das gleiche aus wie ihre Mienen. So wie das Gesicht des Bauern den verzweifelten Kampf ums tägliche Brot widerspiegelt, so sprechen seine Hände vom Zupacken, von der Arbeit. In aller Bescheidenheit weist nur der Zeigefinger auf den leeren, offenen Geldbeutel. Der Bankier nimmt dagegen mit großer Gebärde den Platz ein, von dem sich der Bauer zurückzog. Er handelt, weil es eben so Brauch ist, doch daß dieses Geschäft für ihn weder Gewinn noch Verlust bringt, ist an seinem ruhigen Blick abzulesen.

Die Überlegenheit des einen und die Demut des anderen verstärkt sich in der Konfrontation der beiden Frauen. Ganz nah rücken hier das ebenfalls von Arbeit gezeichnete und von der Sonne verbrannte Gesicht der Bauersfrau und das in seiner vornehmen Blässe das Gemälde dominierende schöne Gesicht der jungen Frau zusammen. In stummer Bitte hält die Bäuerin den Arm der Reichen, doch diese hebt nur etwas geziert abwehrend die eine Hand, während sie mit der anderen auf ihren Mann weist, der das Geschäft zu entscheiden hat. Das Kind des Bankier-Paares hat sich zwischen die Bauersfrau und ihren Korb gedrängt und in fröhlicher Gewißheit, daß es ja doch bekommt, was es will, schon ein Ei herausgenommen.

Unbekannter Niederländer: „Der Verkauf von Tulpenzwiebeln“

Dieses anonyme Gemälde beschreibt einen erregenden Augenblick der Wirtschaftsgeschichte: die erste große europäische Spekulationskrise von 1634–39. Nicht um Gold oder Diamanten ging es dabei, sondern – um Tulpen!
Die Tulpe war 1554 von dem habsburgischen Gesandten am türkischen Hof, dem Diplomaten und Gelehrten Busbecq, nach Europa eingeführt worden. Dort erfreute sich die orientalische Blume bald allergrößter Beliebtheit. Die Tulpe wurde zur Mode, und je seltener ein Exemplar, desto wertvoller war es: Die Preise stiegen und stiegen. Schon bald waren die Blumenliebhaber nicht mehr unter sich – Spekulanten stiegen in den Tulpenhandel mit ein. Otto Rombach beschreibt das hektische Kaufen und Verkaufen in seinem Schelmenroman „ADRIAN, DER TULPENDIEB“ so:
„Bis ins kleinste Dorf war bald die Sucht gedrungen, mit Tulpen, Tulpenzwiebeln oder -samen nach Profit zu jagen. In jeder Kneipe tat sich ein Komparitium auf, ein Händlertisch, fast einem Wettbüro vergleichbar, einer zügellosen Börse, wo sich die Spekulanten trafen. Nach ausgeklügelten Systemen, mit kleinen Täfelchen und wunderlichen Rechenkünsten ging der Handel vor sich, der mit Fressereien und Kneipereien beschlossen wurde, bis ein neuer Händler auftrat und das Spiel von vorn begann.“

Das Spekulationsfieber griff auch auf andere Handelsobjekte über. Es kam in den Niederlanden zu einem regelrechten Wirtschaftsboom. 1637 schlug das Pendel zurück, ein allgemeiner Preissturz setzte ein, eine Verkaufspanik folgte und mit ihr eine Unzahl von Konkursen. Aus der Tulpenkrise war eine allgemeine Wirtschaftskrise geworden.

Das Bild zeigt den Höhepunkt der Spekulation: Eine Zwiebel wird mit Gold aufgewogen. Geschäftspartner sind der – am fellbesetzten Mantel zu erkennende – reiche Niederländer, dem eine besondere blausilbrige Züchtung gelungen ist, und ein vom Tulpenfieber offensichtlich Besessener, der in seiner ausgefallen-verrückten Kleidung die häufigsten Tulpenfarben wiederholt und, den Blick starr auf die Zwiebeln gerichtet, sein ganzes Vermögen, den ganzen Inhalt seiner Geldbörse, auf den Tisch schüttet. Die Tulpe in seiner erhobenen Linken und die andere so über alle Maßen begehrte, die aus dem Topf des Reichen wächst, sie markieren das Spannungsfeld, in dem dieser Handel getätigt wird.

Unbekannter Niederländischer Meister des 17. Jh.s:
„Der Verkauf von Tulpenzwiebeln";
Rennes, Musée des Beaux Arts

Gobelin: „Die Bezahlung der Tagelöhner“

„Echt“ ist ein Gobelin nur dann, wenn er aus Paris, aus der Werkstatt der Färberfamilie Gobelin stammt. Doch Bildteppiche, die im allgemeinen Sprachgebrauch bald den Namen Gobelin bekamen, gab es schon in der ägyptischen Hochkultur. In Europa entstanden regelrechte Produktionszentren in Arras, Tournai, Brüssel und Paris, die immer prächtigere Teppiche, sogar mit Seide und Goldfäden gewirkt, für Fürstenhöfe und Kirchen, aber auch für das reiche Bürgertum herstellten. Ihre Bildvorlagen wurden von den berühmten Malern ihrer Zeit wie Raffael, P. P. Rubens, Vermeyen usw. entworfen. Über die einzelnen Zentren hinaus erlangte die Bildwirkerei erst europäische Bedeutung, als 1662 die königliche Manufaktur im Hause Gobelin gegründet wurde. Leider gibt es heute nur noch wenige wirklich gut erhaltene Exponate – der Zahn der Zeit nagt eben ganz besonders an der Textilkunst.
Dargestellt wurden auf den Bildteppichen meist religiöse Szenen, vor allem natürlich, wenn sie als Wandschmuck für Kirchen gedacht waren, Bilder des höfischen Lebens und die Heldentaten des Rittertums. Im Spätbarock und in der Rokokozeit kamen Bilderzählungen wie „Die Bezahlung der Tagelöhner“ dazu. Das schon in der Antike kultivierte „buccolische“ Lebensgefühl brach auf, ein Hang zu Schäferdichtung und Hirtenspiel setzte einen Kontrapunkt zum verfeinerten höfischen Leben. Die höfische Oberschicht träumte sich hinein in ein Idealbild des einfachen, ländlichen Lebens, in eine idyllische Welt der Schäfer und Bauern – Vorstellungen, die weit weg von der Wirklichkeit und den Existenzsorgen der Landbevölkerung lagen.
Erntearbeit war immer Knochenarbeit – auch und gerade im 18. Jahrhundert. Der Tagelöhner stand zu allen Zeiten auf der untersten Stufe der sozialen Leiter, sein Lohn war karg und die Sorge, am nächsten Tag wieder Arbeit und Lohn zu finden, begleitete ihn ständig. Von all der Mühe und Sorge ist auf dem Bild nichts zu sehen, Erntearbeit wird als Idylle, die Auszahlung des Lohnes als freudiges Ereignis dargestellt. Erst ein gutes Jahrhundert später entdecken die Künstler die soziale Frage, dann erst zeigen sie – oft in dramatischen Szenen und überpointiert – die negativen, die dunklen Seiten eines solchen Arbeits- und Abhängigkeitsverhältnisses.

Gobelin des frühen 18. Jh.s (nach einem Motiv des Lucas van Leyden):
„Die Bezahlung der Tagelöhner";
Paris, Collection du Mobilier National

Lück: „Die Verabschiedung der Magd“

Als im 13. Jahrhundert Einzelstücke von Porzellan aus China – wo es wahrscheinlich seit dem 7. Jahrhundert hergestellt wurde – nach Europa kamen, versuchte man diesen neuartigen Werkstoff zu imitieren. Ein erster Versuch um 1500 in Venedig mißlang. Das sogenannte Medici-Porzellan, nach 1550 in Florenz entwickelt, war nur eine Art Weichporzellan. Selbst die Holländer erreichten mit ihren Delfter Fayencen im 17. Jahrhundert das chinesische Vorbild nicht. Erst 1708/09 gelang es J. F. Böttger, weißes Hartporzellan von der Güte des chinesischen herzustellen – ironischerweise mehr oder weniger aus Versehen! Eigentlich sollte er nämlich im Auftrag Augusts des Starken bei alchemistischen Versuchen Gold gewinnen. Auf eine „Goldader“ war Böttger bei seiner Erfindung dennoch gestoßen! 1710 wurde in Meißen die erste europäische Porzellanmanufaktur gegründet, die jahrzehntelang führend blieb.

Daß die Porzellankunst einen solchen Siegeszug antrat, das lag an der Epoche, in die sie hineingeboren wurde: Das Rokoko, seinem Wesen nach Dekorationsstil, wandte sein Interesse von der großen Architektur ab auf die Innenräume, von den gewaltigen Sälen auf die Kabinette und Boudoirs und ihre Ausstattung, von schweren, düsteren Farben auf Leichtes, Helles. – Das Porzellan war gerade zur rechten Zeit erfunden worden, dieser Werkstoff kam dem Formgefühl des Rokoko entgegen. Womit hätte sich das Zierliche und Elegante, das Helle und Farbenfrohe besser ausdrücken lassen als in der dekorativen Gefäßkeramik und der Kleinplastik des Porzellans?

Auch die Szene, in der der Frankentahler Lück die Verabschiedung der Magd gestaltet, ist trotz des traurigen Inhalts voller Anmut und Grazie. Der Strenge der Herrin, die den Finger tadelnd erhoben hat und mit der Linken auf den letzten Lohn weist, wird durch die Eleganz der Bewegungen die Schärfe genommen, und das Unglück der Magd reduziert sich auf ein paar Tränen, die mit graziös erhobenem Schürzenzipfel abgewischt werden. So sieht sich der Betrachter nicht einem tragischen Augenblick gegenüber, der Erschütterung auslöst, sondern fühlt sich vom Zierlich-Eleganten auf eine ernst-heitere Art angesprochen.

Karl Gottlieb Lück (um 1730–1775): „Die Verabschiedung der Magd“
(Frankenthaler Porzellanmanufaktur);
Worms; Kunsthaus Heylshof

Nikolaus Michael Spengler (1700–1776): „Das Kaufmannskontor“ (Hinterglasmalerei); Hamburg, Museum für Kunst und Gewerbe

Nach dem vornehmen französischen Kaufmannsgewölbe des 15. Jahrhunderts (S. 15) und dem Arbeitszimmer eines niederländischen Bankiers zu Beginn des 16. Jahrhunderts (S. 18) gibt dieses Bild nun ein Kaufmannskontor des 18. Jahrhunderts wieder. Tisch und Stühle sind reich mit Rocaillebeschlägen verziert, die Herren tragen weiß gepuderte Perücken und leicht fließende Kleidung – die Welt des Rokoko ist hier eingefangen. Doch die Utensilien, die das Kontor ausmachen, sind die gleichen geblieben: Folianten bzw. Geschäftsbücher, Geldbeutel, Schriftstücke, Schreibzeug und wieder Symbole, die die weltweiten Verbindungen signalisieren sollen, ein Globus und Schiffe auf einem Gemälde.

Doch durch die Art der Darstellung unterscheidet sich dieses Bild stark von der Miniatur und dem Gemälde. Das liegt schon an seiner Herstellungstechnik. Es ist ein sogenanntes Hinterglasbild, eine Kunstgattung, die erst im 18. Jahrhundert entstand, als das Rokoko so viele verschiedene Kunsthandwerke neu belebte. Das Hinterglasbild, das als Einzelgemälde gefertigt, d. h. seitenverkehrt auf seinen Träger aufgebracht wird, darf nicht mit der „Glasmalerei“ verwechselt werden. Unter Glasmalerei versteht man ganze Fenster, die aus bemalten Stücken zusammengesetzt und durch ein Bleigerippe gehalten werden. Diese Kunst geht auf die karolingische Zeit zurück und erlebte ihren Höhepunkt, als sie zu einem Hauptschmuck der gotischen Kathedralen wurde. Schon in der Renaissance geht die Tendenz zu kleinformatigeren Fenstern, und im Barock und Rokoko findet man die Glasmalerei gar nicht mehr. Dafür lebte der kleine Bruder der altehrwürdigen Glasmalerei auf: das mit profanen Motiven versehene Hinterglasbild.

Der Darmstädter Hofglasmaler Spengler malte dieses Kaufmannskontor im sogenannten Zopfstil. Diese Bezeichnung geht auf die Zopfmode zurück, die später als etwas Steifes und Unnatürliches betrachtet wurde.

Edgar Degas: „Baumwollbörse“

Degas war in doppelter Hinsicht ein Glückspilz: Als Bankierssohn war er von Hause aus so wohlhabend, daß er auf keinen Broterwerb angewiesen war und sich ausschließlich seinem „Hobby“, der Malerei, widmen konnte. Und als Künstler war er schon in jungen Jahren so erfolgreich, daß er vom Verkauf seiner Gemälde glänzend hätte leben können. Durch seine Freundschaft mit Manet kam er den Impressionisten näher, bewahrte aber seine künstlerische Selbständigkeit und Eigentümlichkeit. Typisch für Degas' Malstil sind: Ungewöhnliche Szenenausschnitte, bei denen der Rahmen oft die Personen überschneidet, uneinheitliche Raumdarstellungen, denen kein Ordnungsprinzip, kein geometrisches Muster zugrunde liegt, und die Fixierung eines Augenblicks. Diese Typmerkmale haben einen inneren Zusammenhang mit Degas' Vorliebe für das Fotografieren. Er war einer der ersten Maler, der leidenschaftlich fotografierte und Fotos auch als Kompositionsgrundlage benutzte, insbesondere dann, wenn er Menschen in alltäglichen Szenen darstellen wollte.
„Das Baumwollkontor“ entstand 1872 während seines Besuchs bei seinen Brüdern in New Orleans.

Edgar Degas (1834–1917): „Das Büro der Baumwollbörse in New Orleans“; Pau, Musée des Beaux Arts

Ferdinand Brütt: „Hamburger Börse“

Schon früh hatte sich in der Genremalerei eine gewisse Spezialisierung herausgebildet; ein Künstler malte Blumen, der andere Porträts, der Dritte nur Landschaften usw. Einem ganz ausgefallenen Gebiet hatten sich Ferdinand Brütt und Ludwig Bockelmann zugewandt, die mit ihren „Gerichtsbildern“ eine neue Art der Genremalerei kreierten. Brütt war einige Zeit Geschworener gewesen, und dabei wurde sein künstlerisches Interesse auf die sozialen und wirtschaftlichen Brennpunkte seiner Zeit gelenkt. Seine Themen waren das Gericht, der Notar, das Leihhaus oder wie hier die Aktienbörse. Die eigentümliche Behandlung von Farbe und Licht ließ eine gewisse Verwandtschaft zum Impressionismus anklingen. Nicht auf die präzise Darstellung der Figuren und Gesichter kam es ihm an, nicht darauf, einen großen, dramatischen Augenblick der Geschichte oder im Leben eines Einzelnen einzufangen. Er wollte nur die Stimmung eines Allerweltsmoments lebendig werden lassen, auf diesem Bild den Alltag in einer Börse, wo diskutiert oder in einem Notizbuch nachgeschaut wird, wo man Handzeichen abgibt oder einfach, von den anderen unbeachtet, davongeht ...

Daß Brütt bei seinen Zeitgenossen so wenig Anerkennung fand und nach dem Zweiten Weltkrieg vollends in Vergessenheit geriet, mag daran liegen, daß er die Wege der modernen Kunst nicht mitging und sich der Zeitgeschmack andererseits immer mehr der „künstlerischen Fotografie“ zuwandte, wenn Stimmungen ausgedrückt werden sollten.

Ferdinand Brütt (1849–1936): „Hamburger Börse";
Frankfurt/M., Städelsches Kunstinstitut

Geld und Religion

Die Begriffszusammenstellung „Geld und Religion" mag auf den ersten Blick befremden. Bedenkt man aber, daß Erwerb und Umgang mit Geld auch eine moralische und soziale Qualität haben, dann wird man sich über die vielen Stellen des Neuen Testaments nicht mehr wundern, die sich mit der rechten Einstellung des Christen zum Geld befassen.

Gleich fünf Gleichnisse ließen sich ohne große Interpretation auf das tägliche Leben anwenden. Alle fünf spiegeln ein positives Verhältnis zum Geld: das „Gleichnis vom Zinsgroschen" empfiehlt, dem „Kaiser zu geben, was des Kaisers ist ..." – von der Pflicht des Bürgers gegenüber dem Staat ist der Christ nicht entbunden. Die Gleichnisse von den „anvertrauten Zentnern" und von den „Arbeitern im Weinberg" – beide wurden sehr selten in der Kunst dargestellt – hören sich beinahe wie eine Anleitung zum frühkapitalistischen Handeln an, soll doch das zur Verfügung gestellte Kapital so hoch wie nur irgend möglich verzinst werden. Im Gleichnis von der „verlorenen Drachme" wird das sorgfältige Bewahren gegen das sorglose Vertun (= Verlieren) gesetzt. Und das Gleichnis von der „kostbaren Perle" beschreibt den ganz auf Gewinn orientierten Kaufmann, der bei einer entsprechend einmaligen Kaufgelegenheit alles auf eine Karte setzt.

Selbstverständlich bedürfen diese Gleichnisse im theologischen Sinn einer Auslegung, die für das erstrebens- und vermehrungswerte Gut den christlichen Glauben einsetzen würde, doch muß ja auch das Bild in sich stimmig sein, um als Gleichnis einen Sinn zu haben.

Die Lebensgeschichte von Jesus Christus beginnt mit einer Erzählung, die irdisches Gut beziehungsweise den Umgang der Menschen damit positiv bewertet, und endet mit einer Negativdarstellung.

Die Heiligen 3 Könige bringen dem neugeborenen Christuskind Gold, Weihrauch und Myrrhe – Kostbarkeiten, die eigentlich den altorientalischen Gott-Königen vorbehalten waren. Damit erfährt Christus auf Erden die Anerkennung als Gottes Sohn. Impliziert ist, daß kein Schatz der Welt zu groß und zu repräsentativ sei, um dem dargebracht zu werden, der doch für sich selbst ein Leben lang auf jeden Reichtum verzichtete – ein uns Heutigen schwer verständliches Faktum.

Der Bogen schließt sich mit dem Verrat des Judas um der 30 Silberlinge willen. Judas konnte der Verlockung des Geldes nicht widerstehen. Das Streben nach Reichtum trennt ihn hier ganz extrem vom Christsein. Diese These zieht sich – allerdings nicht konsequent und eindeutig durchgehalten – durch das ganze Neue Testament: „Kein Knecht kann zwei Herren dienen: Ihr könnt nicht Gott dienen und dem Mammon". Darin ist das Christentum allen Hochreligionen vergleichbar, die das Leben nur als eine Bewährungsprobe für ein Leben im Jenseits sehen und Geld und Gut als eine Ablenkung des Menschen von dem Eigentlichen, dem Wesentlichen betrachten. So mußte auch Jesus die Wechsler aus dem Tempel vertreiben, die gerade am Ort der Besinnung die Aufmerksamkeit der Gläubigen auf alltägliche Geschäfte lenkten. Doch obwohl der Reichtum als Hindernis für den wahren Glauben erscheint („Kamel-Nadelöhr"), wird andererseits der Besitz in den 10 Geboten ausdrücklich geschützt, und es wird zur Almosenspende aufgerufen, die ja nur aus einem gewissen Überfluß heraus möglich ist.

Im Neuen Testament werden also widersprüchliche Thesen in Gelddingen vertreten, wobei die Geldfeindlichkeit dominiert.

Szenen aus dem Leben Jesu

Oberrheinischer Meister: „Anbetung der Könige";

Solange sich die Malerei beinahe ausschließlich mit dem Heilsgeschehen befaßte, gab es für die Künstler nur wenige Gelegenheiten, prachtvolle Ausstattungen farbenfreudig ins Bild zu setzen. Die Anbetung der Heiligen Drei Könige wurde daher zu einem bevorzugten Thema und das noch häufiger und pompöser, als man begann, die Szenen der Bibel in einer zeitgenössischen Umgebung und Kostümierung spielen zu lassen. Gold und Silber, Samt und Seide, Exotisches reizte die künstlerische Gestaltungsfreude.

Doch die Anbetung der Könige steht in einem merkwürdigen Gegensatz zur christlichen Lehre: Jesus, der Begründer der Religion der Armen und Bedrückten, der von sich sagt, sein Reich sei nicht von dieser Welt, der alle Insignien der äußeren Macht von sich weist, der bei seinem Einzug in Jerusalem demonstrativ auf einem Esel, dem Transportmittel des armen Mannes, reitet – diesen Jesus Christus überhäufen die Drei Könige mit irdischen Geschenken. Die vier Evangelisten scheinen das nicht als Systemwidrigkeit der christlichen Lehre empfungen zu haben, eher als eine Bestätigung des Gotteskönigtums. Schon frühe Auslegungen haben daher die Gaben der Könige nicht nur als reale Werte, sondern als Symbole verstanden, z. B. Gold für die edle Gottheit, Weihrauch für die andächtige Seele, Myrrhe für den reinen Leib oder Gold als Zins (für den König), Weihrauch als Opfer (für den Gott) und Myrrhe für das Begräbnis des sterblichen Menschen.

Da Jesus geboren war zu Bethlehem im jüdischen Lande zur Zeit des Königs Herodes, siehe, da kamen Weise vom Morgenland nach Jerusalem und sprachen:
Wo ist der neugeborene König der Juden? Wir haben seinen Stern gesehen im Morgenland und sind gekommen, ihn anzubeten ... Und siehe, der Stern, den sie im Morgenland gesehen hatten, ging vor ihnen hin, bis daß er kam und stand oben über, wo das Kindlein war.
Da sie den Stern sahen, wurden sie hoch erfreut und gingen in das Haus und fanden das Kindlein mit Maria, seiner Mutter, und fielen nieder und beteten es an und taten ihre Schätze auf und schenkten ihm Gold, Weihrauch und Myrrhe.

Matthäus 2 (1–11)

Oberrheinischer Meister (1505): „Anbetung der Könige"; Karlsruhe, Staatliche Kunsthalle

Hans Holbein d. Ä. (um 1465–1524): „Jesus vertreibt die Wechsler aus dem Tempel"; Frankfurt/M., Städelsches Kunstinstitut

Hans Holbein d. Ä. hat vor allem Altargemälde geschaffen. Seine Werke zeichnet ein durchkomponierter Bildaufbau in einer vorwiegend symmetrischen Anlage aus. „Die Vertreibung der Wechsler" erhält diesen gleichmäßig-symmetrischen Rahmen durch den Bogen. Reliefartig sind die Figuren aufgereiht, wobei die Gruppe im Hintergrund, etwas erhöht, das Gegengewicht zur erhobenen Hand Christi bildet. Dem statischen Element der Beobachtenden wird die Bewegung Christi entgegengesetzt, die sich – die Symmetrie wieder herstellend – in dem weißgekleideten Wechsler wiederholt. Jesus' Kopf mit dem zarten Heiligenschein ist Mittelpunkt des Gemäldes, sein Wille bestimmt das Geschehen.

Obwohl die Architektur eine Fluchtlinie nach hinten andeutet, ist das Bild seltsam flächig, die räumliche Abfolge von Vordergrund zu Hintergrund fehlt. Das fällt besonders an den zwei Jüngern zwischen Jesus' Arm und seinem Kopf auf, die weder eindeutig nebeneinander noch hintereinander stehen.

Dem idealen Bildaufbau hat Holbein bei diesem Gemälde die letzte Steigerung der Dramatik geopfert. Christus' Schlag mit der Peitsche geht gewissermaßen ins Leere, auf die schon umgestoßenen, verlassenen Wechslertische, und sein Blick trifft die Sünder nicht. Hierin, in der Voranstellung der Idealkomposition ist er Spätgotiker.

Doch weist seine Kunst auch in die Renaissance, da wo er sich um die Gestaltung des Individuums bemüht. Das gelingt vor allem in den bildnishaft gestalteten Köpfen. Träumerisch weich der Gesichtsausdruck des Johannes, streng – in einer gewissen Verdoppelung zu Jesus – das Gesicht des Petrus. Von ganz anderer Art die halb abgewandten Gesichter der Wechsler: spitzbübisch, verschlagen.

Realistisch und äußerst präzise gestaltet er die stillebenartigen Details: den Wechslertisch, den Korb mit den Tauben, die ausgeschütteten Münzen. – Ein weiteres Merkmal weist in Holbeins Gemälden über die spätgotische Tradition hinaus: Die streng symbolische oder gegenstandsbezogene Farbigkeit tritt zurück hinter eine Farbgebung, die sich der Lichtsituation anpaßt und zur Gestaltung des Raumes mit herangezogen wird. Holbeins Werk steht deutlich zwischen der gotischen Tradition der räumlich durchkomponierten Bildanlage und der realistisch-lebendigen Beobachtung der Wirklichkeit durch die Künstler der Renaissance.

Rembrandt: „Vertreibung der Wechsler"

Wird bei Holbeins „Vertreibung der Wechsler" die äußerste Dramatik dem räumlichen Gestaltungsprinzip geopfert, so entfernt sich umgekehrt Rembrandt vom Schönheitsideal und den Proportionen der italienischen Renaissance, um ein Seelendrama zu beschreiben.
Beinahe verwirrt findet sich der Betrachter mitten in der Szene, mitten im Chaos. Der Bildausschnitt ist so klein gewählt, daß sich das Interesse allein auf das dramatische Geschehen konzentriert. Nur die Säule gibt einen Hinweis auf den Ort, den Tempel. Die einzigen Gegenstände, die bei dieser Reduktion auf das Wesentliche noch ins Bild gesetzt werden, sind der Geldbeutel mit den Münzen und der Warenkorb. Auch die Zeit ist auf ein Minimum beschränkt. War es früher üblich, Szenenfolgen synoptisch nebeneinander zu setzen und ganze Handlungsabläufe zu erzählen, so wird gerade die Fixierung auf einen einzigen Augenblick ein besonderes Merkmal von Rembrandts Bildern.
Bei dieser Konzentration von Raum und Zeit bleibt nur das Individuum in seiner Einzigartigkeit und seelischen Besonderheit wichtig. Jahrelang hat Rembrandt Handzeichnungen gefertigt, in denen er die ganze Skala menschlicher Affekte zu erfassen lernt. Nicht nur die Wechsler werden mit all ihren Gefühlen, ihrem Erstaunen und ihrer Angst, und mit ihren Reaktionen, dem Festhalten des Geldes und dem Fliehen-Wollen, beschrieben, sondern auch Christus in seinem Zorn, der ihn im Gegensatz zu Holbeins Christus ganz und gar menschlich erscheinen läßt. – Nur die Erhöhung seines Standortes den anderen gegenüber unterstreicht seine Dominanz, seine Göttlichkeit. – Auch der Schlag mit der Peitsche ist hier nicht nur Gebärde. Man spürt die physische Kraft dieses Körpers und meint, die angespannten Muskeln unter dem Gewand sehen zu können.
Das Hell-Dunkel, an Caravaggio geschult, wird auf diesem Bild zur Steigerung des Bedeutungsgehaltes und der Dramatik eingesetzt. Das Licht fällt von der Seite ein und setzt dadurch starke Akzente. Es trifft die Wechsler wie ein Blitz und malt das Entsetzen nur noch deutlicher auf das Gesicht des einen, der mit weit geöffneten Pupillen auf den Ursprung dieses unerhörten Lichtes schaut, während die anderen sich abwenden oder schützend die Hände vor die Augen heben. Die Wirkung dieser unfaßbaren Helligkeit auf die Menschen läßt an die Hirten in der Weihnachtsgeschichte denken, – „und sie fürchteten sich sehr".

Rembrandt Harmensz van Rijn (1606–1669):
„Die Vertreibung der Wechsler aus dem Tempel";
Moskau, Puschkin-Museum

Erhart Falck (um 1495): „Die Marterbank"; Valentinskirche Kiedrich/Rheingau

Dieses Flachrelief am Kiedricher Kirchengestühl stellt die (in der Schnitzkunst seltenen) „Arma Christi" dar. Darunter versteht man die Leidenswerkzeuge Christi: Geißelsäule, Staupbesen, Dornenkrone, Nägel, Hammer, Zange, Lanze, Essigschwamm – und wie hier im Zentrum der Darstellung: die 30 Silberlinge, um deretwegen Jesus verraten wurde.

Diese „Arma (lat. Waffen) Christi" wurden vielfach wappenartig zusammengestellt und heißen daher auch „Wappen Christi".

Die Gestalt des Judas

Judas Ischariot, einer der zwölf Jünger Christi, ist in unserem Kulturkreis zum Symbol des Verräters geworden. Mit seinem Namen sind die Begriffe „Judaslohn" (Bezahlung für Verrat) und „Judaskuß" (sprichwörtlich für eine in verräterischer Absicht erwiesene Freundlichkeit) verbunden. – Warum nun dieser von Jesus selbst zum Säckelmeister der Jünger eingesetzte Judas zum Verräter wird, dafür läßt das Neue Testament nur eine Deutung zu: Aus Habgier! Wegen der dreißig Silberlinge! (Matthäus 26 (14–16) und (47–50)

In dieser Negativfigur schwingt so der ominöse Dreiklang mit: Geld – Habgier – Verrat; der Umgang mit Geld führt zur Habgier und aus der Habgier wächst der Verrat. So belegt das Leben des Judas gewissermaßen die These des Timotheusbriefs 1 (9–10):

> „Denn die reich werden wollen, die fallen in Versuchung und Stricke und viel törichte und schädliche Lüste, welche die Menschen versinken lassen in Verderben und Verdammnis. Denn Habsucht ist eine Wurzel allen Übels . . ."

In der bildenden Kunst sind dem Judas fast immer drei Attribute zugeordnet: das rote Haar, das einem schier unausrottbaren Vorurteil zufolge Unzuverlässigkeit und Heimtücke signalisiert; der Geldbeutel, den er oft fest umschlossen hält, um damit seine Habgier noch deutlicher zu machen, und schließlich das gelbe Gewand. Gelb galt aber schon im Mittelalter als die Farbe des Neides, der Mißgunst und der Schande. So mußten in verschiedenen Gegenden Europas über Jahrhunderte hin drei besonders geächtete Personengruppen ein gelbes Schandgewand tragen: Ketzer, Dirnen und Juden.

Meister der Tegernseer Tabula Magna (1445/46):
„Judas führt die Knechte der hohen Priester“,
Ausschnitt aus einem Tegernseer Altarbild;
München, Bayerisches Nationalmuseum

Fra Angelico: „Der Judaslohn“

Freundlich dreinblickende, ältere Herren stehen innerhalb eines Mäuerchens, das einen Gebäudekomplex nach außen abgrenzt. Sie sind in Gespräche vertieft, ihre Reden mit gemessenen Gesten begleitend, weise Gelehrte möchte man annehmen. Das Mäuerchen ist an einer Stelle durchbrochen, und hier findet der Kontakt zu einem statt, der von außen kommt, einem selbstbewußten, aufrechten, ein wenig verschmitzt lächelnden Mann, der eben Geld in die Hand gezählt bekommt. Ein wesentliches Unterscheidungsmerkmal trennt ihn von den anderen: Er trägt einen Heiligenschein!

Judas Ischariot, einer der zwölf Jünger, nimmt den Verräterlohn von den Hohepriestern in Empfang. Eine äußerst selten dargestellte Szene, die in dieser Form vollkommen außerhalb der künstlerischen Tradition liegt und auch so gar nicht zum biblischen Text der Passionsgeschichte passen will. Judas – das ist das Feindbild, man stellt ihn sich verschlagen und kalt berechnend wie auf dem Tegernseer Altarbild vor oder kriecherisch wie beim Forchheimer Judaskuß (S. 43). Und die Würde des Heiligenscheins, dieses Zeichen der Zugehörigkeit zu Christus, hat er für den Betrachter wie auch in der Gestaltung der meisten Künstler längst verloren – mag sie ihm auch formaljuristisch bis zum Verrat noch zustehen.

Es grenzt an ein Wunder, daß dieses in mehrfacher Hinsicht so ausgefallene Bild von den kirchlichen Auftraggebern überhaupt zugelassen wurde. Eine Überlegung könnte allerdings hinter dem Abweichen von der Norm stehen: Der Christ, der sich mit dieser positiven Darstellung des Judas auseinanderzusetzen hat, kann nicht einfach in die bequeme Ablehnung im Sinne von „der ist nicht wie ich“ verfallen, sondern muß sich fragen, ob nicht auch in ihm ein Stück Judas steckt. (Zur Maltechnik des Fra Angelico s. S. 60)

← **Wolfgang Katzheimer (1478–1508): „Der Judaskuß“; Forcheim, Pfarrkirche St. Martin**

Werkstatt des Fra Angelico (um 1401/02–1455):
Judas nimmt den Verräterlohn in Empfang;
Florenz, Museo di San Marco

Mahn- und Warnbilder

Signorelli: „Die Versuchung der Menschen“

Im Dom zu Orvieto hat Signorelli mit seinem Freskenzyklus „Über die letzten Dinge“ sein Hauptwerk geschaffen. Michelangelos Ausdruckskraft wird hier in den kraftvoll modellierten, bewegten Figuren vorweggenommen. Die „Verdammten des Jüngsten Gerichts“ gelten als das klassische Höllensturzbild.

Der abgebildete Ausschnitt illustriert eine Stelle aus der „legenda aurea“, in der Jacobus de Voragine in Anlehnung an das Neue Testament einen falschen Propheten beschreibt. Christus hatte nämlich mehrmals vorausgesagt, daß in Zukunft falsche Propheten auftreten und in seinem, Christi Namen die Menschen in Versuchung führen würden. In der „legenda aurea“ steht:

> „Der Antichrist wird den Betrogenen Geschenke geben und die Erde unter sein Heer teilen. Denn welche er mit Gewalt wird nicht bezwingen können, die wird er durch ihre Habgier gewinnen.“

Satanas, der teuflische Ohrenbläser, weist den in Christusmaske auftretenden Antichristen auf die Prunkgeschirre und Münzen hin, auf die stärksten Waffen der Hölle im Kampf um die Seelen der Menschen, ihre „ultima ratio“ gewissermaßen. Schon zeigt die Verführung zum Materiellen erste Erfolge: Die junge Frau im Vordergrund läßt sich von dem alten Mann bezahlen!

Luca Signorelli (um 1445–1523):
„Die Versuchung der Menschen durch irdischen Reichtum“;
Freskenausschnitt aus dem Dom zu Orvieto

Hieronymus Bosch (um 1450–1516): „Der Tod des Geizhalses"; Washington, National Gallery

Die Bilder des Hieronymus Bosch lassen sich mit einem Blick gar nicht erfassen; sie sind zusammengesetzt aus einer Unmenge von Details; Gegensätzliches wird zu einem Ganzen komponiert, wobei das Licht gelegentlich schon als Gestaltungsprinzip ausgenützt wird wie später im Manierismus. Phantasievoll wie kaum ein zweiter läßt Bosch unheimliche Figuren und absonderliche Fabelwesen entstehen als Ausdruck des Abnormen, Spukhaften. Untergründiges, uralte Menschheitsängste und Alpträume nehmen in seinen Bildern Gestalt an.

Ausgangspunkt ist die religiöse Thematik. Jüngstes Gericht, Höllensturz, Tod, Versuchung geben den Rahmen für all die grausamen, seltsam-irrealen Szenen, die die Ängste der Menschen an der Zeitenwende vom Mittelalter zur Neuzeit beschreiben.

Im „Tod des Geizhalses" ist das Spannungsfeld zwischen Himmel und Hölle eindringlich gestaltet. Der Pfeil des Todes ist auf den Reichen gerichtet – der auf dem roten Vorhang erkennbare Schatten gibt der Geste Dynamik. Der Engel zeigt ihm die Rettung, das Kruzifix, und auch diese Relation bleibt nicht statisch, sie wird bewegt durch den Lichtstrahl, der vom Kruzifix ausgehend auf den Sterbenden weist. Der Gegenpol, das Teuflische, quirlt in vielerlei häßlicher Gestalt um das Sterbebett herum, es ist nicht faßbar, bedeutet wohl eher Versuchung und manifestiert sich am deutlichsten im Griff des Geizhalses nach dem Geldsack. So wie vorn der alte Mann – eine Reminiszenz an das Leben des Reichen? – während er den Rosenkranz betet, die Münze in den Beutel des Dämons Habgier wirft, so hat sich auch der Geizhals nicht einmal im Angesicht des Todes eindeutig für das Seelenheil entscheiden können.

Hans Cranach (um 1510–1537): „Das Zehnte Gebot“; Dresden, Stadtmuseum

Die sogenannten Zehn-Gebote-Tafeln wurden nicht aus ästhetischen Gründen in Auftrag gegeben und gemalt, sondern aus seelsorgerischen. Den Analphabeten – und das waren damals noch 80–85% – sollten die Zehn Gebote visualisiert und damit verständlich gemacht werden.

Recht anschaulich wird hier das zehnte Gebot in Szene gesetzt. Ein Reicher hat seine Schätze, Gold und Silbermünzen, aufreizend vor sich ausgebreitet. Er lebt in einer Welt des Luxus, Wappenschild, Hündchen und das prächtige Pferd im Hintergrund bezeugen dies. Im Nebenzimmer sitzt seine schöne und kostbar gekleidete Frau. Zwei Männer sind zu dem Reichen getreten. Einer deutet voller Begehrlichkeit auf all den Reichtum hin, aber der zweite ruft ihm zur rechten Zeit das zehnte Gebot in Erinnerung: Du sollst nicht begehren deines Nächsten Weib, Knecht, Magd, Vieh oder alles, was sein ist.

ANNO DNI
G B
1.5Z9

Domenico Fetti (um 1589–1623):
„Das Gleichnis vom verlorenen Groschen“, Lukas 15 (8–10);
Dresden, Gemäldegalerie Alte Meister

Nicolaus Knüpfer (um 1603–1655):
„Das Gleichnis von den Arbeitern im Weinberg“, Matthäus 20 (1–15);
Karlsruhe, Staatliche Kunsthalle

18.$22.

← Julius Schnorr von Carolsfeld (1794–1872):
„Das Gleichnis vom Zinsgroschen“, Lukas 20 (21–26); Düsseldorf, Kunstmuseum

Eduard von Gebhardt (1838–1925): „Das Gleichnis vom reichen Jüngling“;
Matthäus 19 (16–24)
Düsseldorf, Kunstmuseum

Almosen

Herzog Jean de Berry muß ein ziemlich geiziger und habsüchtiger Mann gewesen sein. Als Bruder le Grant ihm das „Buch der guten Sitten“ widmete, da tat er es gewiß nicht ohne Hintergedanken. In Bild und Text beschreibt nämlich diese Handschrift den idealen sittlichen Lebenswandel. Die Widmung nun, die auf den ersten Blick wie ein Lobgesang auf den moralisch einwandfreien Lebensstil des Herzogs wirken mochte, war auf den zweiten Blick auch durchaus als Aufforderung aufzufassen, sich an die guten Sitten zu halten. Und Jean de Berry konnte sich nicht einmal dagegen verwahren, ohne damit auf die zweite Interpretationsmöglichkeit aufmerksam zu machen!

Bevor das soziale Netz Arme und Bedürftige auffing, der Staat also entsprechende Abgaben kraft Gesetzes von den Bürgern eintrieb, um diese in Not geratenen Menschen versorgen zu können, hatte der Aufruf zur Almosenspende ein ganz anderes Gewicht als heute. Niemand konnte sich darauf zurückziehen, daß selbst der Ärmste ja „irgendwie“ mit dem Minimum ausgestattet wird, jeder Begüterte wußte, daß die Armen von seiner Gabe abhängig waren. Christen wurden nicht nur in Predigten an ihre Christenpflicht der Spende gemahnt, sondern auch durch manche Bilder. Dabei entwickelten sich drei Typen von Almosenbildern. Säumige werden entweder versteckt gemahnt, wenn z. B. die früher gegebenen Almosen gegen die begangenen Sünden aufgewogen werden – ein Beispiel ist der Brüsseler Michaels-Altar – oder noch dramatischer, wenn sie als Geizige den Qualen der Hölle anheimfielen.
Eine zweite Gruppe von Gemälden zeigt die „großen“ Spender, Könige, Päpste, Heilige (s. S. 58, 59). Die Heiligen, die sich von ihren Gütern trennen, setzen damit ein äußeres Zeichen dafür, daß sie sich Christi Nachfolge verschrieben haben. Zwischen der bildlichen Drohung und dem nachahmenswerten Vorbild, steht jene Gruppe von Almosenbildern, der diese Miniatur zuzuordnen ist: Christus erscheint dem Reichen und mahnt ihn an seine soziale Verantwortung, seine Pflicht zur Almosenspende.
Hier wird Herzog von Berry, der fromm auf die Knie gefallen ist, auf seine Schätze hingewiesen: „Mein Herr, Ihre Speicher und Ihre Truhen quellen über ...“. – Solche Almosenbilder entstanden ganz besonders in wirtschaftlichen Notzeiten als ein ins Bild gesetzter Spendenaufruf.

Miniaturmalerei aus der Handschrift des Frère Jacques le Grant:
„De bonnes Moeurs", 15. Jh.;
Paris, Bibliothèque Nationale

Fra Angelico (1401/02–1455):
Papst Sixtus II. übergibt dem
Heiligen Laurentius
den Kirchenschatz zur Verteilung
an die Armen; Fresko in der
Capella di Niccolo V.,
← Vatikan.

→

Fra Angelico (1401/02–1455):
Der Heilige Laurentius verteilt
Münzen an die Armen;
Fresko in der
Capella di Niccolo V.,
Vatikan.

Fra Angelico: Fresken in der Capella Niccolo V.

Diese beiden Abbildungen gehören zu dem Freskenzyklus, der die Legende des Heiligen Laurentius erzählt, – es ist nicht die früheste, aber wohl die bekannteste bildliche Darstellung des Märtyrers und Schutzpatrones. Die Szene spielt im Jahr 258, als der spätrömische Kaiser Valerian Papst Sixtus II verfolgen und enthaupten ließ. Der linke Freskenausschnitt zeigt nun, wie Papst Sixtus, unmittelbar vor seiner Ergreifung, den Kirchenschatz seinem Diakon Laurentius übergibt, damit dieser Geld und Prunkgeschirre vor der Beschlagnahme rette und an die Armen der Gemeinde verteile. Auf dem rechten Ausschnitt gibt Laurentius – der wegen seines grausamen Martyriums, der Folter auf dem glühenden Rost, später heilig gesprochen wurde – Münzen an die Armen, die Witwen, Blinden und Krüppel weiter.

Fra Angelico beschreibt in dieser Bilderzählung Ereignisse aus einer Zeit, in der die christlichen Kirche die Gemeinschaft der Armen und Unterdrückten war, eine Untergrundkirche, grausam und blutig verfolgt von der spätrömischen Obrigkeit. Die schöne Architektur und die prachtvollen Gewänder stellen für diese Zeit einen gewaltigen Anachronismus dar.

Aber Fra Angelico malt seine Fresken und Andachtsbilder im sogenannten „weichen Stil", einer Kunstrichtung der späten Gotik, die in ganz Europa zu Beginn des 15. Jahrhunderts auftritt. Dieser „weiche Stil" betont das Anmutige und Schöne, in fließend weichen Linien fallen die stoffreichen Gewänder. Diese Charakteristika hätten sich in einer realistischen Gestaltung der Christenverfolgung, in einer Katakombenkulisse beispielsweise, nicht anbringen lassen.

Fra Angelico, der sein Leben lang als Dominikanermönch und später sogar Prior nur religiöse Bilder malte, hat in diesem zartfarbigen Freskenzyklus die Legende des Heiligen Laurentius sozusagen veredelt.

Geld und Geist

„Pecunia non olet" – Geld stinkt nicht – so kommentierte ganz lapidar der römische Kaiser Vespasian sein Verhältnis zum Geld. Sprüche, Sentenzen und Traktate gibt es in der Geistesgeschichte in Hülle und Fülle, die die Auseinandersetzung von Philosophen, von Kirchenmännern, Politikern und Dichtern mit Geld und den damit zusammenhängenden menschlichen Eigenschaften zusammenfassen: Habgier, Neid, Geiz, Verschwendung. Die Anziehungskraft, die das Geld ausübt, die Macht, die der Reiche durch sein Geld hat, werden durchdacht, begreifbar gemacht, be- und verurteilt. Manches ist zum geläufigen Zitat geworden wie z. B. Goethes „Am Golde hängt, nach Golde drängt doch alles. Ach, wir Armen!"

Weniger bekannt ist, daß auch die bildende Kunst, besonders die Malerei, das Für und Wider von Geld und Besitz, die positiven oder negativen Wirkungen des Geldes auf das Leben der Menschen gestaltet hat – in mythologischen und allegorischen Verschlüsselungen, in Prunk- und Vanitasstilleben, (S. 89, 97, 107), in Personifikation (S. 67, 77, 103), im Historienbild (S. 73) oder im Trompe-l'œil. Und selbst im Porträt (S. 85–89) sind Gold- und Silbermünzen, als Schmuck verwendet oder einfach als Attribut beigegeben, ein gemalter Kommentar zum Thema Geld und dadurch ein Spiegel des jeweiligen Zeitgeistes.

Diese Art „Gedankenmalerei" beginnt in der Renaissance, erlebt ihren Höhepunkt im Barock und klingt im 19. Jahrhundert aus. Vor der Renaissance kommt Geld nur innerhalb der religiösen Thematik vor, nach der Biedermeierzeit wird das Geld oder das Nicht-Vorhandensein des Geldes, die Armut, Bestandteil des zeitkritischen Tendenzbildes und der sozialen Anklage.

Die Bildkommentare in diesem Kapitel müssen besonders ausführlich sein, denn die komplizierten Denkfiguren und ikonographischen Verschlüsselungen, auch die Symbolgehalte sind dem heutigen Betrachter in der Regel nicht mehr verständlich.

Glanz und Glück des Reichtums

Miniatur: „Die Schatzkammern des Orients"

Das „Buch der Wunder" berichtet in Wort und Bild über ein „Jahrhundertereignis" – über die berühmte Reise des Marco Polo nach China. 1271 war er aufgebrochen und über Bagdad, den Iran, durch das Pamirgebirge bis nach Peking gekommen. Dort gewann er die Gunst des Großchans und unternahm in dessen Auftrag ausgedehnte Reisen durch das chinesische Reich. Eine Zeitlang wurde er sogar Statthalter der Provinz Kiangnan. Nach 20 Jahren kehrte Marco Polo mit Schätzen beladen aus China nach Venedig zurück. Den Venezianern verschlug es die Sprache, als sie die ungeheuren und so fremdländisch wirkenden Reichtümer sahen. Noch mehr erstaunten sie aber die Erzählungen über die „kuriosen" Zustände in China – daß es dort z. B. eine Art Papiergeld geben sollte, erschien ihnen äußerst unglaubwürdig!

Als Marco Polo 1298 für ein Jahr in genuesische Gefangenschaft geriet, diktierte er einem französischen Mithäftling seinen Reisebericht. Er war französisch geschrieben und gelangte deshalb bald nach Frankreich. In ganz Europa erregte er großes Aufsehen, wurde in vielen Abschriften verbreitet und beflügelte durch seine Angaben über die unglaublichen Schätze des fernen Orients die Phantasie der Menschen. Das Zeitalter der Entdeckungen wurde mit Marco Polos Bericht eingeläutet.
Das hatte allerdings noch einen zweiten Grund. Nicht genug, daß im Orient unbeschreibliche Schätze und Reichtümer offensichtlich nur darauf warteten, abgeholt zu werden, Marco Polo hatte außerdem eine für die europäischen Seefahrer elektrisierende Beobachtung gemacht: Indien und China waren vom Meer umgeben – sie mußten also auf dem Seeweg zu erreichen sein. Dieses Wissen bekam ein noch größeres Gewicht, als die Türken 1453 Konstantinopel besetzten und damit den Landweg nach Indien und China sperrten.

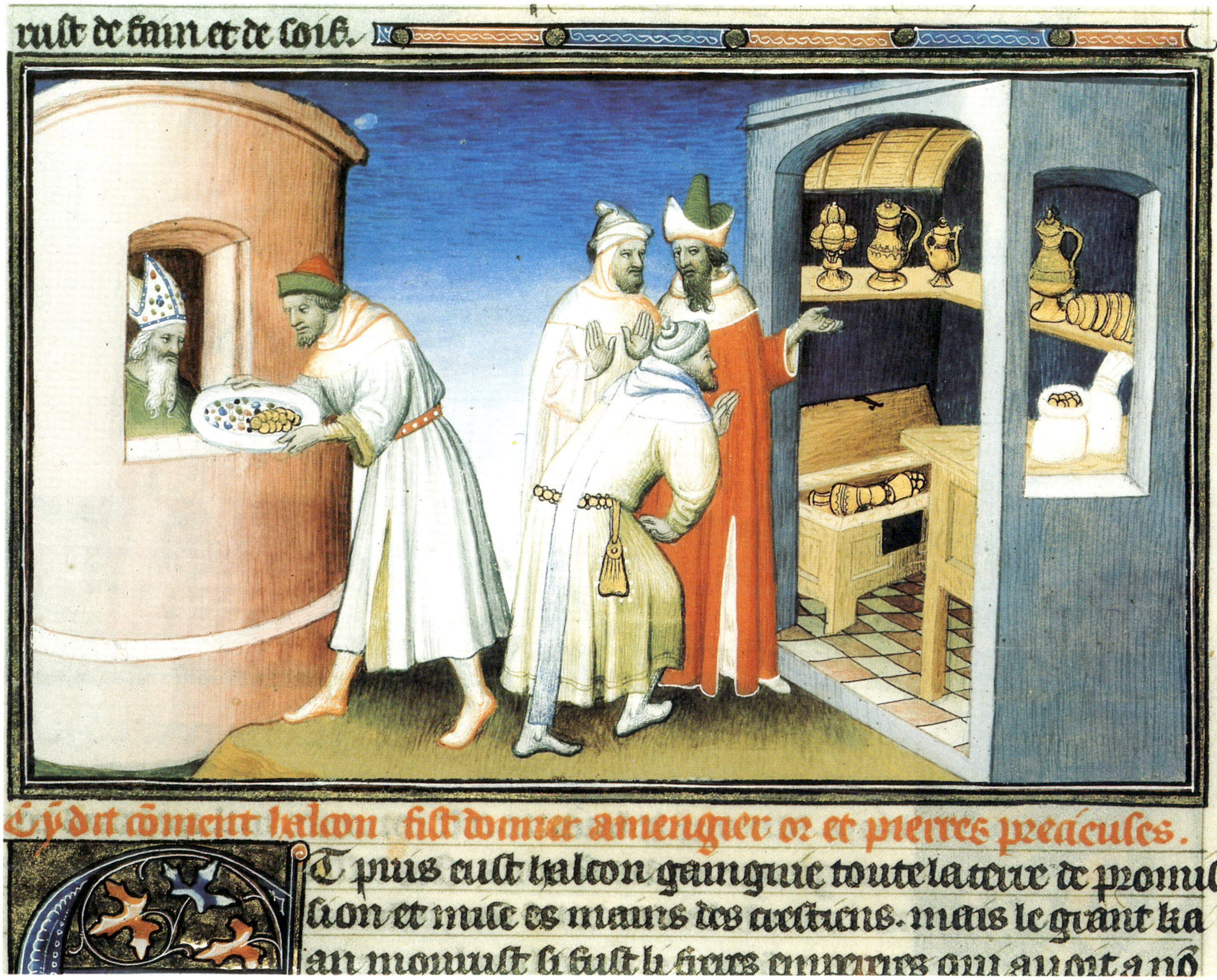

Miniatur aus der Handschrift „Livre des merveilles“ von 1410:
„Die Schatzkammern des Orients“;
Paris, Bibliothèque Nationale

Der Reichtum gleicht dem Seewasser: je mehr man davon trinkt, desto durstiger wird man.

Schopenhauer

Paolo Veronese (1528–1588): „Juno schüttet Ruhm und Reichtum über Venedig aus"; Venedig, Deckenfresko im Dogenpalast

Venedigs macht- und wirtschaftspolitischer Stern war seit der Mitte des 15. Jahrhunderts deutlich im Sinken begriffen, hatten doch 1453 die Türken Konstantinopel erobert und damit einen kontinentalen Sperriegel vor die Landverbindung nach Fernost gelegt; und gegen Ende des Quattrocento brachten 1492 die Entdeckung Amerikas und 1498 die Öffnung des Seeweges nach Indien um das Kap der Guten Hoffnung eine endgültige Verlagerung des

Welthandels. Dennoch erlangte Venedig in dieser Zeit einen von ganz Europa bewunderten, strahlenden Höhepunkt in der Kunst, das Leben zu genießen, Feste zu feiern. Hier herrschten Reichtum, Luxus, feine aristokratische Lebensart.

In diesem Venedig leuchtete das klassische Dreigestirn der venezianischen Malerei: Tizian, Tintoretto und Veronese! – Veroneses Bilder sind voller sinnlicher und farbiger Prachtentfaltung, sie betonen das Dekorative, das Ideale. Kein Wunder, daß dieser typische Maler der würdevollen Repräsentation, des Festlichen von seinen venezianischen Zeitgenossen so begeistert gefeiert wurde, entsprachen seine Werke doch genau ihrem Lebensstil, ihrem Weltgefühl. Obwohl Veronese als Autodidakt begann, erregte er schon als 20-jähriger Aufsehen und erhielt den Auftrag, die Decken des Dogenpalastes auszumalen. Sein Werk ist zwar der Hochrenaissance, dem Manierismus zuzurechnen, doch trägt es viele Elemente des Barock bereits in sich.

Dieses Deckenfresko – eine Apotheose Venedigs – weist auf einen ganz besonderen Zug der venezianischen Mentalität hin: die zur Manie gewordene Leidenschaft, Reliquien zu sammeln. So hatte die Lagunenstadt im Laufe mehrerer Jahrhunderte die Gebeine der Heiligen Markus, Stephanus, Fortunatus und Isidor regelrecht zusammengeraubt. Wie das Alte Rom, das die Götter der überwundenen Völker auf sein Kapitol verpflanzte, um sich damit auch ihres Schutzes und der ihnen beigemessenen magischen Kräfte zu versichern, wollte Venedig mit einer solchen Häufung von Heiligen Glück und Segen des Himmels an sich binden, durch seine vielen Schutzpatrone unbesiegbar werden und außerdem jenes typisch venezianische Selbstgefühl kultivieren, ein „auserwähltes“ Volk zu sein. Da mit der Renaissance die Bindekraft der christlichen Religion nachließ, gleichzeitig aber die Mythologie der griechisch-römischen Götterwelt zu neuem Leben erwachte, lag es nahe, daß Veronese (wie Tiepolo, s. S. 78) den Auftrag erhielt, eine antike Gottheit beim Gnadenerweis für die Republik zu gestalten. So sollte – nach den christlichen Heiligen – nun auch Juno gewissermaßen malerisch als Schutzpatronin verpflichtet werden.

Allori: „Allegorie des Reichtums“

Unter der Regentschaft der Medici stand Florenz in wirtschaftlicher Blüte, es war politisches Zentrum und zur unumstrittenen Metropole von Kunst und Wissenschaft aufgestiegen. Florenz atmete den Geist der Renaissance. In der Kunst fühlte man die Nähe zur Antike. Nicht epigonenhaft, sondern in einer Art Wesensverwandtschaft wurden die Geschichte und die Mythologie der Antike wieder aufgenommen und bearbeitet. In dieses Florenz hinein wurde Allori geboren, und sein Werk läßt in ihm deutlich das Kind seiner Zeit erkennen.

Auch die „Allegorie des Reichtums“ kommt ohne den thematischen Anklang an die antike Mythologie nicht aus: Der dreiköpfige Höllenhund Cerberus ist als Wächter des Reichtums hineinkomponiert. In der klassischen Mythologie bewachte er den Eingang zur Unterwelt, ließ zwar jeden hinein, aber keinen mehr hinaus. Einzig Herakles gelang es, ihn zu überwinden – aber der war schließlich auch ein Halbgott!

Cerberus bewacht hier die Personifikation des Reichtums – eine schöne junge Frau mit eindeutig erotischer Ausstrahlung. Das hatte die Renaissance auch gebracht: die Darstellung des nackten Körpers, losgelöst aus der schamhaften Verhüllung, die das Christentum und auch die höfischen Anstandsregeln geboten. Das Bemühen um exakte Darstellungen von Bewegungsabläufen, die Anatomie in künstlerischen Theorien standen dahinter, aber auch die neue Gewichtigkeit des Menschen, der auch mit seinen Empfindungen abbildenswert wurde. Alloris Fresken im „studiolo“ des Palazzo Vecchio erregten wegen ihrer ausgesuchten Erotik allerdings doch Aufsehen!

Alessandro Allori (1535–1607): „Allegorie des Reichtums“,
Venedig, Ca’ d’Oro

Alloris Werk ist der Spätrenaissance, die heute üblicherweise mit Manierismus bezeichnet wird, zuzurechnen. Die streng perspektivische Raumgliederung ist in steile Fluchtlinien aufgehoben und läßt die Figur – nicht realistischer Mensch, sondern idealistische Allegorie! – gleichsam ohne feste räumliche Zuordnung. Auch die Proportionierung der Figur ihrer Umwelt gegenüber scheint willkürlich. Übersteigerte Bewegung, das wie im Wind gebauschte Gewand, bringt eine Dynamik in das Bild, die die Renaissance in dieser Form nicht kannte.

Ein selbstsicheres, selbstverständliches, ja instrumentales Verhältnis zum Reichtum, das für Alloris Zeit bezeichnend ist, kommt in diesem Gemälde zum Ausdruck. Geld und Gut gehören schlechthin zum angemessenen, schönen Leben; man muß mit leichter Hand auch über große Summen verfügen können, man hat es, aber man hängt nicht sein Herz daran. Vor und nach der Renaissance wurde der abstrakte Begriff „Reichtum" ganz anders dargestellt: in der Romanik und in der Gotik negativ, wenn Geiz und Habgier in der Hölle gestraft werden, im Barock ambivalent und moralisierend, wenn die Liebe zur Prachtentfaltung der Unbeständigkeit des Geldes entgegensteht, und irdische Güter in der Vanitas-Denkweise für den tieferen Sinn des Lebens blind machen.

Keine Grenze des Reichtums ist dem Menschen sichtbar gesetzt.

Solon

Rubens: „Die glückliche Regierung“

Rubens – einer der klangvollsten Namen in der Geschichte der Malerei! Geboren in Siegen, aufgewachsen zum großen Teil in Antwerpen und dort bei den Landschaftsmalern Verhaegt, van Noort und van Veen ausgebildet, geht er 1600 nach Italien, wo er sich in der Malerei der großen Italiener Raffael und Tizian, Carracci und Caravaggio wesentliche Anregungen holt. Aber auch sein Aufenthalt in Spanien, 1603 bleibt nicht ohne Einfluß auf sein späteres Schaffen. Nach Antwerpen zurückgekehrt, gründet er eine große Werkstatt, in der nach ihm so bekannte Maler wie van Dyck, Snyders, van Uden und Jan Bruegel arbeiten.

Rubens' Werk läßt sich nicht einfach mit einem Etikett versehen. Er malt Religiöses wie Weltliches, Landschaften wie Porträts, Geschichtliches wie Mythologisches. Seine Bilder sind erfüllt von Farbe, Licht und Leben.

Der Zyklus aus dem Leben der Maria von Medici entstand auf dem Höhepunkt seiner Schaffenskraft, zwischen 1622 und 1625, als Auftragsarbeit der Maria von Medici. Den 21 Gemälden ist im Louvre ein eigener großer Saal gewidmet, ein äußeres Zeichen dafür, daß diese Bilderfolge als Meilenstein in der Malerei bewertet wird. Rubens gelingt es hier, die Bilderzählung (die geschichtliche Darstellung), die Mythologie und die Allegorie (das Bild als Symbol) miteinander zu verschmelzen. Der Inbegriff der Barockmalerei ist mit diesem Werk geschaffen worden.

„Die glückliche Regierung“ ist das 15. Bild des Zyklus. Maria von Medici hat nach dem Tode Heinrichs des IV. die Regierung für ihren unmündigen Sohn, Ludwig den XIII., übernommen. Im überhöhten Bildmittelpunkt thront sie, das

Peter Paul Rubens (1577–1640):
„Die glückliche Regierung"
(aus dem „Medici-Zyklus");
Paris, Louvre

Symbol der Gerechtigkeit, die Waage, in der Hand. Zu ihren Füßen die Künste in Kinder- oder Puttchengestalt mit den entsprechenden Insignien (Pinsel, Panflöte). Gewissermaßen vermittelnd zwischen beiden beugt sich die Liberalitas, die Freigebigkeit, zu ihnen herunter und streut Münzen über sie, während aus dem Füllhorn der Abundantia, des Überflusses, reichlich Früchte fallen. Auch Minerva darf dieser Regierung nicht fehlen, die Weisheit, ruhige Tapferkeit, klares Denken verkörpert, Grausamkeiten fernhält und das Kunsthandwerk beschützt.

Da in diesem Gemälde für den Betrachter sinn- und augenfällig die Regierung Marias gepriesen werden soll, die glückliche Hand, mit der sie die Geschicke des Staates lenkt, ist der Symbolgehalt hier kaum verschlüsselt. Die Allegorien sind leicht verständlich. Seine eigene Erfahrung als Künstler bringt Rubens ein, wenn er die Freigebigkeit, mit der die schönen Künste gefördert werden, zum zentralen Thema des Bildes macht. Die goldenen Münzen leuchten vor dem dunklen Hintergrund des Königsmantels im Bildmittelpunkt auf.

Übrigens findet man das Ausstreuen von Münzen zum Zeichen dafür, daß auch das Volk Anteil am Glanz des Königshauses hat, auf einer zweiten Bildtafel dieses Zyklus wieder, auf der 10. Tafel, die die Krönung Marias zeigt.

Frans Francken d. J.: „Besuch in der Schatzkammer"

Die Kirche als Schatzhaus? – Ein für uns heute befremdlicher Gedanke! Wir sehen zwar ein, daß Kirchensteuer bezahlt werden muß für die Erhaltung der Kirche, Bezahlung der in der Kirche Arbeitenden, Hilfeleistungen für schwache und in Not geratene Gemeindemitglieder, wollte aber die Kirche mit dem Vermögen, das sie von den Gläubigen eintreibt, prunken und protzen, so würde ein Sturm der Entrüstung losbrechen.

Und was sehen wir auf diesem Bild? Eine einzigartige Zusammenballung von Prunk, Luxus, Reichtum, angefangen von den prächtigen Gewändern, dem kostbaren Orientteppich, den schweren Samtvorhängen bis hin zu den riesigen Prunkgeschirren, aufwendigen Juwelen- und Reliquienkästchen. – Nur die historische Einordnung läßt uns das Bild verstehen.

Bei den frühen Kirchenvätern sollte die Kirche schon Vorabbild des Reiches Gottes werden, im Mittelalter versuchten Kaiser und Päpste, den Gottesstaat auf Erden zu errichten. Dieser ins Weltliche übergreifende Aspekt der Kirche wurde im ottonischen Reichskirchensystem manifestiert. Bischöfe und Äbte wurden danach vom König ernannt und regierten als Reichsfürsten. Kirche und Geistigkeit, Kirche und Kultur, Kirche und Kunst sind Begriffe, die im Mittelalter zusammengehören.

Dieses Bild nun, das um 1620 entstand, und in seiner Überfülle, seiner Freude an Bewegung und Farbe ein typisches Werk des Barock ist, spiegelt eine einzigartige historische Zeitspanne wieder: den unter Ludwig XIII. und seinem mächtigen Minister Richelieu begründeten Absolutismus, der unter Ludwig XIV., dem Sonnenkönig, seinen Höhepunkt erreichte. Vertreter der Staats-, aber auch der Kirchenautorität ließen solche historischen Momente, wie auf diesem Bild den Besuch eines Prinzen in der Schatzkammer einer Kirche, als Auftragsarbeit von Malern festhalten, um mit der Demonstration des Reichtums, der „Schatzvorweisung", wie man es damals nannte, die eigene unumschränkte Machtfülle und damit auch den Anspruch auf die Staatsgewalt darzustellen.

Das Kunstwerk wird damit zur Vorform moderner Medienpolitik, denn es vermittelt dem Volk den politischen Willen der Staatsführung und konserviert die Wirkung solcher Machtdemonstration.

Zu keiner Zeit ist die „weltliche Variante" der Verwirklichung des Gottesstaates auf Erden ohne Widerspruch geblieben, und nur im Absolutismus ist eine solch selbstbewußt-weltliche Darstellung der Kirche und ihres Reichtums denkbar.

Frans Francken d. J. (1581–1642):
„Besuch eines Prinzen in der Schatzkammer einer Kirche“;
Paris, Louvre

Clara Peeters: „Stilleben“

Die Stilleben-Malerei (vgl. S. 97) erreicht ihren künstlerischen Höhepunkt im 17. Jahrhundert in Holland. Allerdings tritt die Vanitasthematik hier mehr und mehr zurück, ohne jedoch ganz zu entfallen. Blumen sind nun einmal mit der Bedeutung „Vergänglichkeit“ besetzt, und die eine herabgefallene ist ein Zugeständnis an das alte Vanitas-Denken. Die Schneckenhäuser sind leer, das heißt ohne Leben. Geld wechselt den Besitzer, ist also unbeständig, und schließlich zeigen die Spiegelungen in den Buckeln des rechten Akelei-Pokals, die die Malerin mit ihrer Palette in ihrem Atelier vielfach wiedergegeben, nur Augenblicke dieses malerischen Schöpfungsaktes. Doch auf die groben Vanitassymbole, die abgelaufene Sanduhr, den Totenkopf usw. wird verzichtet, so daß ein Prunkstilleben entsteht, das nicht mehr vor allem moralisierend sein will, sondern die Schönheit der Dinge als Augenschmaus vor dem Betrachter ausbreitet.

Im Prunkstilleben erkennen wir gewissermaßen das großbürgerliche Pendant zu dem Historienbild des Frans Francken (S. 73). Wie dort der absolutistische Machtanspruch des Stellvertreters Gottes auf Erden durch Prunk- und Prachtentfaltung dokumentiert werden soll, so will das Prunkstilleben den erlesenen Geschmack, aber auch den Reichtum und damit den Einfluß seines großbürgerlichen Besitzer demonstrieren. Goldmünzen erweisen sich in ihrer Doppelfunktion als dafür außerordentlich geeignet: Als Zahlungsmittel signalisieren sie Wohlstand, mit ihrer kunstvollen Prägung guten Geschmack. Das Sammeln von Außergewöhnlichem, also auch das Sammeln verschiedenster Goldmünzen (hier sind es südniederländische und spanische), erlebt in dieser Zeit des aufblühenden Fernhandels einen kräftigen Aufschwung. Die Prunkstilleben zeigen exotische Sammlergegenstände (in unserem Beispiel sind es Gehäuse von Mittelmeerschnecken, die sich als Purpur-, Kegel- und Würfelturbanschnecke identifizieren lassen), die wie die Münzen auch Ausdruck für die Weltläufigkeit des Besitzers sind.

Clara Peeters (1594–nach 1657):
„Stilleben mit Blumen, Pokalen und Münzen";
Karlsruhe, Staatliche Kunsthalle

Sirani: „Die Verschwendung“

In der Kunstgeschichte wird von Malern berichtet, die von ihren Zeitgenossen nicht akzeptiert wurden, die verarmt und vereinsamt starben. Erst nach ihrem Tod wurden sie entdeckt, berühmt und zu Repräsentanten ihrer Zeit – van Gogh ist ein bekanntes Beispiel dafür.

Der Bologneser Malerin Elisabetta Sirani ging es umgekehrt: von ihren Zeitgenossen bewundert und gefeiert, geriet sie nach ihrem frühen Tode schnell in Vergessenheit. Die Kunstkritik beurteilt ihr Werk bis zum heutigen Tag recht zurückhaltend: Von Schwäche der künstlerischen Erfindung ist da die Rede, von manieristischer Schönlinigkeit und einer glatten, fast süßlichen Malweise. – Doch den besonderen Geschmack ihrer Zeit muß sie genau getroffen haben – anders ist ihre Beliebtheit bei ihren Zeitgenossen nicht zu erklären.

Die Barockzeit liebte vor allem die Allegorie, die Übersetzung an sich unanschaulich-abstrakter Begriffe ins Anschaulich-Sinnenhafte. Elisabetta Sirani hat diesem Zeitgeschmack mit vielen allegorischen Darstellungen wie „Ruhm“, „Sieg“, „Philosophie“ usw. Rechnung getragen.

Die Personifikation der „Verschwendung“ hat die Malerin offensichtlich ohne wertenden Hintersinn angelegt. So wie sich das schwache Verb „verschwenden“ aus dem starken „verschwinden“ entwickelte, das ja nichts über das Wohin und Warum aussagt, so hatte auch die Verschwendung zunächst nicht den negativen Beigeschmack, den wir heute hineinlegen. Erhalten hat sich der positive Sinn in adjektivischen Zusammensetzungen wie z. B. „verschwenderische Fülle“. Wer also anderen von seinem Reichtum abgibt, verschwenderisch schenkt, wer als Mäzen Kunst und Wissenschaft fördert (vgl. auch in Rubens' „Die glückliche Regierung“ die Allegorie der Abundantia), der wird auf der moralischen Wertskala hoch angesiedelt, wer aber sinn- und ziellos aus purer Lust am Verprassen verschwendet, der wird negativ bewertet. – Dieses Gemälde läßt offen, zu welchem Zweck die Münzen geworfen werden. Dargestellt ist nur die Fülle des Reichtums, die Möglichkeit, ihn mit vollen Händen auszugeben. Unbelastet von moralischer Wertung appelliert der Dreiklang von Jugend, Schönheit und Reichtum an das Unterbewußte des Betrachters. Wer möchte sich damit nicht identifizieren?

Möglicherweise war Elisabetta Sirani bei ihren Zeitgenossen gerade dadurch so beliebt, daß sie mit ihren Bildern heimliche Wünsche und Sehnsüchte des Menschen ansprach ohne gedanklichen Tiefgang und moralischen Anspruch.

Elisabetta Sirani (1638–1665): „Die Verschwendung“;
Nîmes, Musée des Beaux Arts

**Giovanni Battista Tiepolo (1696–1770): „Venedig empfängt den Reichtum des Neptun";
Venedig, Dogenpalast**

Tiepolo gestaltet auf diesem Gemälde das zentrale Thema Venedigs in seiner fast 1000-jährigen Geschichte: die alles überragende Bedeutung des Meeres für die Inselrepublik. Dem Seehandel verdankte es seine Existenz und seinen Reichtum. Und um diesen Handel betreiben zu können, mußte es die Meere beherrschen gegen Byzanz und Genua, gegen die Normannen und die Türken. Dazu bedurfte es einer schlagkräftigen Flotte. Seerüstung war aber zu allen Zeiten besonders teuer. So schloß sich für Venedig ein existentieller Zirkel: Ohne Reichtum keine Flotte, ohne Flotte keine Beherrschung der Meere, ohne Beherrschung der Meere kein Seehandel, ohne Handel kein Reichtum! Mit List, Wagemut und zuweilen Skrupellosigkeit achtete die merkantile Oligarchie der Stadt darauf, daß dieser Kreislauf nicht unterbrochen wurde.

Dabei verließ man sich nicht nur auf die eigene Tüchtigkeit; man wollte sich auch aller überirdischen Mächte versichern und scheute sich nicht, dabei bis in die Bezirke archaischen, heidnischen Aberglaubens vorzudringen. So hatte man im Jahr 1177 (also im christlich dominierten Mittelalter) einen durch und durch heidnischen Brauch begründet – mit stillschweigender Billigung des Papstes Alexander III: Einmal im Jahr fuhr der Doge mit großem Gepränge auf die offene See hinaus und warf seinen Ring zum Zeichen „der Vermählung Venedigs mit dem Meer“ in die Fluten.
Des Schutzes so mancher christlicher Heiliger konnte man sich sicher sein, lagen doch deren Gebeine – in wilder Sammlerleidenschaft herbeigetragen – in der Lagunenstadt. Und seit in der Renaissance die antike Götterwelt wieder „populär“ wurde, hatte man auch diese noch unter die Schutzpatrone eingereiht und ihre Gunst in Fresken und Gemälden heraufbeschworen (s. S. 64). Diese gemalten Quasi-Amulette lassen auf ein tiefes seelisches Bedürfnis, auf einen starken Hang zum Irrationalen schließen, der in einem eigenartigen Kontrast zum sonst so rationalen, kühl kalkulierenden Wesen der Venezianer steht. Auch in Tiepolos Bild, das fast 200 Jahre nach Veroneses entstand, wird der Talismancharakter deutlich. Neptun bringt die Schätze des Meeres in einem übergroßen Füllhorn einer jugendlichen Verkörperung Venedigs dar. Dabei war die Republik zu dem Zeitpunkt, als Tiepolo das Bild malte, eine Greisin und dem Ende ihrer Existenz als autonomes Staatsgebilde schon sehr nahe.

Das Gemälde stammt aus Tiepolos Frühzeit, als die Farben seiner Werke noch einen erdigen, stumpfen Ton hatten, später wurden sie intensiver und leuchtender. Dieser letzte überragende Maler Venedigs begann sein Wirken in seiner Heimatstadt mit Tafelbildern und Fresken für Kirchen und Paläste. Nachdem er in mehreren oberitalienischen Orten gemalt hatte, arbeitete er von 1750 bis 1753 an den Fresken im Kaisersaal und im Treppenhaus der Würzburger Residenz. Die letzten Jahre seines Lebens verbrachte er in Madrid, wo er zusammen mit seinen Söhnen die Fresken des Königspalastes schuf.

Johann Christian Ludwig von Lücke (um 1703–1780): „Merkur“ (Statuette aus Elfenbein, 11,5 cm) Braunschweig, Herzog Anton Ulrich-Museum

Die Flügel am Reisehut und an den Füßen, der Geldbeutel und der Schlangenstab sind die unverwechselbaren Attribute des Gottes Merkur. Dieser griechisch-römisch-etruskische Gott des Gelderwerbs und des Handels war für einen großen und recht unterschiedlichen Personenkreis als Helfer und Beschützer zuständig: für Handwerker und Kaufleute, für Wanderer und Boten, für Hirten, aber auch für Diebe. Er galt als Schutzgott des glücklichen Fundes und als Vermittler bei diplomatischen Kompromissen.

Seine Attribute symbolisieren die wichtigsten Eigenschaften, die ihn all seine Funktionen erfüllen ließen. Die Flügel stehen für seine Beweglichkeit, der Geldbeutel für Kapital, die Schlangen für List und der Stab, dem auch Wünschelrutencharakter nachgesagt wurde, für das geschickte Aufspüren von günstigen Gelegenheiten. Nach Homers Bericht war der Stab ursprünglich ein Zauberstab, mit dem Hermes die Menschen einschläfern und aufwecken konnte. Er entwickelte sich dann aber zum Heroldsstab des Götterboten (kerykeion), der von zwei Schlangen umwunden wurde.

Dieser Elfenbein-Merkur unterscheidet sich von seinen römischen Statuetten-Vorgängern durch die so tänzerisch leichte Bewegung und den geradezu inbrünstigen Blick, mit dem er seinen prall gefüllten Geldsack betrachtet. Graziös und anmutig ist er – darin ein typisches Kind des Rokoko. Sein Schöpfer wurde – allerdings erst posthum – als bedeutendster norddeutscher Elfenbeinschnitzer dieser Zeit verehrt. Zu Lebzeiten begleiteten von Lücke finanzielle Sorgen und künstlerische Erfolglosigkeit. Als Bildhauer ausgebildet, fand er in der berühmten Meißner Porzellanmanufaktur eine Anstellung, wurde aber schon ein Jahr später „wegen Unfähigkeit“ entlassen. So ließe sich der inbrünstige Blick des Merkur auf seinen Geldbeutel aufgrund Lückes Biographie als eine ins Künstlerische übertragene Sehnsucht nach Reichtum interpretieren.

Julius Schnorr von Carolsfeld (1794–1872): „Hagen versenkt den Hort der Nibelungen“; München, Fresko in der Neuen Residenz

So distanziert die Kunstkritiker heute das Werk des Julius Schnorr von Carolsfeld betrachten, so gefeiert und anerkannt war er zu Lebzeiten. Man überhäufte ihn mit Ämtern und Ehrentiteln – wahrhaftig eine Bilderbuchkarriere!

Carolsfeld war kaum von Rom zurückgekehrt, wo er als einer der führenden Nazarener gearbeitet hatte, als König Ludwig I ihm 1827 den Auftrag erteilte, in fünf Sälen der Neuen Münchner Residenz einen großen Nibelungenzyklus zu gestalten. Das abgebildete Fresko zeigt eine Schlüsselszene der Nibelungensage: Hagen versenkt den Hort der Nibelungen im Rhein.

Was hat es mit diesem Schatz auf sich? Ursprünglich ist er im Besitz des dämonischen Zwerges Alberich, der von Siegfried besiegt und zur Herausgabe des Schatzes gezwungen wird. Siegfried fällt Hagens Meuchelmord zum Opfer. Ob dabei der Hort das einzige oder nur ein zusätzliches Motiv für den Mord ist, das läßt die Sage offen. Jedenfalls bemächtigt sich Hagen sofort nach Siegfrieds Tötung des Nibelungenschatzes und versenkt ihn im Rhein, um ihn sicher zu bergen. Oder will er etwa das Unglück, das an den Schatz gebunden scheint, durch seine Vernichtung für immer bannen? Auch diese Interpretation wäre denkbar. Aber Hagen weiß ja, wo der Hort versenkt ist, er ist nicht aus der Welt.

Das Epos beschreibt weiter den unstillbaren Rachedurst Kriemhilds. Sie will den Mord an ihrem Mann gesühnt sehen und – sie will den Nibelungenschatz zurückerobern. Als nach der Tötung aller Burgunder nur noch ihr Bruder Gunther und Hagen gefesselt vor ihr stehen, da verlangt sie – in diesem schicksalsträchtigen Augenblick – die Rückgabe des Nibelungenhortes, so daß auch hier das heftige Verlangen nach dem Schatz als das eigentliche Motiv gelten könnte. Die beiden verweigern es. Da läßt Kriemhild Gunther töten und erschlägt Hagen mit Siegfrieds Schwert eigenhändig. Daß ein Held von einem Weib getötet wird, ergrimmt Hildebrand so sehr, daß er seinerseits Kriemhild tötet. –

Mehr noch als das Nibelungenlied selbst lassen die nordischen Elemente des Sagenkreises vermuten, daß der eigentliche Dreh- und Angelpunkt, die Ursache für dieses mit Mord beginnende und im Blutbad endende Geschehen der unendliche Reichtum, der Nibelungenschatz, ist. Besonders das 19. Jahrhundert – und da am nachhaltigsten Richard Wagner – hat in der Dämonie des Goldes, der Hortgier das tragende Motiv der Nibelungensage gesehen.

Meister von Frankfurt: „Franz von Taxis“

Es gibt Kunstwerke, in denen sich der Zeitgeist einer Epoche in konzentrierter Form spiegelt. Dazu gehört dieses Bildnis. Mit der Renaissance beginnt der Mensch seine Umwelt mit anderen Augen zu sehen, und er versucht, sie wissenschaftlich exakt zu erfassen. Gleichzeitig löst er sich aus der alten – höfischen – Gesellschaftsordnung und lernt sich als Individuum zu begreifen. In der Kunst führt der Weg vom Ideenbild, vom Sinnbild, zum realistischen Abbild. Die Erfindung der Zentralperspektive gibt dem Künstler ein handwerkliches Rüstzeug dazu an die Hand. Und das realistische Porträt anstelle des idealtypischen Bildes bestätigt den Menschen als Individuum.
Hier ist ein Großer aus der Welt der Kaufleute porträtiert, einer, der in seiner fast königlichen Erscheinung, in Haltung und Gewandung und mit ruhig überlegenem Blick das neue Selbstbewußtsein des Renaissancemenschen repräsentiert. Wie ein Szepter hält er den silberbeschlagenen Stock, wie eine Krone trägt er das mit einer großen englischen Goldmünze geschmückte Barett, wie ein Königsmantel wirkt der schwere kostbare Pelz, der die wuchtige Gestalt noch dominierender erscheinen läßt. Das Bild lebt in den Königsfarben Rot und Gelb. Und vor diesem Mann des Kapitals liegen die eigentlichen Insignien seiner Macht: englische und französische Goldmünzen – Ausdruck seiner weltweiten Verbindungen und seines Wohlstandes.
Auch seine Biographie weist Franz von Taxis als typischen Renaissancemenschen aus, der die Wirklichkeit systematisch erfaßt und neue Möglichkeiten aufspürt. Seine Vorfahren waren Lombarden, Finanz- und Geschäftsleute, die darüber hinaus im päpstlichen Kurierdienst tätig waren. Der junge Franz war dadurch mit dem Handelswesen seiner Zeit vertraut. Und er kannte den desolaten Zustand des Kommunikationswesens seiner Zeit, das den Erfordernissen eines aufblühenden Fernhandels nicht gerecht wurde. Er sah die Chance, ein modernes Postwesen zu begründen und hatte Willenskraft und Organisationstalent, diese Idee zu realisieren. Er schuf Postverbindungen nach Österreich und Belgien, Frankreich und Spanien, in die Niederlande und nach Italien. Ein Jahr vor seinem Tode räumte Kaiser Karl V. dem Franz von Taxis und seiner Familie das alleinige Recht zur Anlage von Poststationen in den habsburgischen Vertragsstaaten ein. – Das war der Höhepunkt im Leben des Begründers eines modernen Postwesens.

Meister von Frankfurt (Anfang 16. Jh.): „Bildnis des Franz von Taxis“; Privatbesitz

Gelobet sei der HERR, ich bin nun reich!
Sacharia 11/5

Krodel: „Ulrich Röhling“

Gut hundert Jahre liegen zwischen dem Porträt des Franz von Taxis und diesem, auf dem sich der Nürnberger Stadtrichter Ulrich Röhling verewigen ließ. Hundert Jahre und die Distanz zweier Stilepochen, die, obwohl die eine aus der anderen erwuchs, doch voller Gegensätze sind: Renaissance und Barock.
Allein in der Schmuckmode wird der Unterschied schon deutlich. Einfach und schlicht wurde die Münze bei Taxis verwendet, dreifach gelocht und auf das Barrett genäht, während sie auf dem Barockporträt zum Mittelpunkt eines Prunkgehänges mit Goldkette, Perle und Edelsteinring wird. Daß reiche Kaufleute Münzen, möglichst großformatige Goldmünzen, als Schmuck trugen, war in der Renaissance Mode geworden. Das reich gewordene Bürgertum wollte sich damit im neu gewonnenen Selbstbewußtsein dem Blutadel gegenüber „ins rechte Bild“ setzen. Im Barock wurde diese Mode nicht nur fortgesetzt, sondern noch übersteigert. In der Kleidung ist eine analoge Entwicklung abzulesen: Die einfachen klaren Silhouetten und Formen werden gebrochen, verziert und überladen, die Stoffe geschwungen, gebauscht, bunt bestickt und mit Schmucksteinen besetzt. Ein deutlicher Hang zum Dramatischen, Theatralischen bricht sich Bahn, der sich hier auch auf die Gestaltung des Hintergrundes auswirkt: Hell-Dunkel-Effekte, ein geöffnetes Fenster, räumliche Tiefe suggerierend und davor der schwere, rote Vorhang, wieder gebauscht und halb geöffnet, als sollte auf der Weltbühne mit dem Auftritt dieses Mannes ein neuer Akt gespielt werden.
Der Barockmensch ist ein Sinnenmensch, und die Kunst will auf die Sinne wirken. So stehen sich in den zwei Porträts zwei Lebensgefühle, zwei verschiedene Lebensauffassungen gegenüber. Das klare Selbstbewußtsein des Renaissancemenschen, das sich im ruhigen Blick des realistisch abgebildeten Mannes ausdrückt, steht im Gegensatz zu dem auf Wirkung bedachten und deshalb pompös, fast opernhaft erscheinenden Auftritt des Barockmenschen.

Matthias Krodel d. J. (gest. 1618): „Bildnis des Ulrich Röhling“;
Nürnberg, Germanisches Nationalmuseum

Nach der heute allgemein anerkannten Theorie von Wilhelm Gerloff entstand das Geld aus Gütern, die gehortet wurden, weil sie allgemein begehrt waren (Gerätegelder, Schmuckgeld) und weil derjenige, der mehr produzierte, als er tauschen wollte, damit die Möglichkeit bekam, erst zu einem späteren Zeitpunkt und vielleicht auch an einem anderen Ort den Gegenwert der von ihm verkauften Ware auszugeben. Der Besitz solcher vormünzlichen Schmuckgelder erregte Bewunderung und Anerkennung. Das in allen Zeiten und Kulturen nachweisbare Geltungsbedürfnis wurde mit Geld befriedigt.

So ist die Mode in der römischen Kaiserzeit, Münzen als Schmuck zu tragen, kein Kulturphänomen, das erst in der Spätantike geboren wurde, sondern die Rückkehr zu archaischen Bräuchen. Im abendländischen Kulturkreis taucht die Münze als Schmuck immer wieder auf, und nie ist die Freude an ihrem dekorativen Erscheinungsbild allein der Grund dafür, immer spielt auch die Absicht eine Rolle, den eigenen Reichtum zur Schau zu stellen und den eigenen Anspruch auf Prestige und soziale Stellung zu dokumentieren.

Das übertriebene Tragen von Münzschmuck schien der Obrigkeit jedoch einen schädlichen Einfluß auf das soziale Ständegefüge zu haben. So sind seit dem Mittelalter zahlreiche Dekrete überliefert, die diese Mode normieren wollen. Das folgende Zitat stammt aus der Kleiderordnung der Stadt Braunschweig aus dem Jahre 1650:

Auch sollen denen Frawen und Jungfrawen in diesem ersten Stande umb eine oder beyde hände zwölff kronen werth gold / entweder an gemüntzten golde / oder auch an kleinen armbändern / und nicht darüber / zu tragen / erlaubet seyn / bey straffe drey Reichsthaler.

Wann eine fraw / so in diesen andern Stand gehöret / güldene ketten an jhrem halse tragen wil / sollen selbige ins gesampt nicht über fünff und zwantzig goldgülden schwer seyn / und darneben nichts mehr an golde / weder am halse noch händen tragen / bey straffe sechs Reichsthaler.
Es mögen auch die frawen und jungfrawen in diesem dritten Stande / wan sie wollen / an jhrem halse tragen / eine silberne ketten von zwölff loth silbers / und nicht schwerer / mit einem güldenen pfennig / welcher nicht über sechs Reichsthaler werth seyn soll / bey straffe zwey Reichsthaler.

Auch sollen sie (die Dienstmägde) weder korallen / noch bernsteine / noch schwartze oder andere steinichen / noch seiden bänder / oder sonst ichtswas zur zierath umb jhren händen / oder auch umb den halse tragen / bey straffe eines halben Reichsthalers.

Unbekannter Meister: „Porträt einer Dame aus der Hamburger Familie Remstede“, 1621;
Weimar, Staatliche Kunstsammlung

de Herdt: „Die Geldzählerin“

Ein typisches Merkmal der holländischen Malerei des 17. Jahrhunderts ist es, daß ihre Gebiete in „Einzelressorts“ aufgeteilt wurden, wobei sich natürlich nur viele Maler, nicht alle in ihrer Themenwahl derartig einschränken ließen. Da gab es reine Stilleben-, reine Landschafts-, reine Seestückmaler usw.. Jan de Herdt muß ein Bildnismaler gewesen sein, ebenso wie viele Künstler auch mit klangvolleren Namen, Frans Hals z. B.. Realistische Darstellungsweise, gediegene Ausführung, ein dekoratives Bild, das wurde von den Auftraggebern, vor allem dem reichen Bürgertum, gefordert, und Jan de Herdt scheint als „Fachmaler“ den Ansprüchen gerecht geworden zu sein.

Als junger Künstler war er Meister der Antwerpener Lukasgilde. Diese Malergilde wurde nach dem Evangelisten Lukas benannt, der als Schutzpatron der Maler gilt, weil er der Legende nach nicht nur Arzt, sondern auch Maler war und von Christus und Maria authentische Bilder angefertigt haben soll. Die Lukasgilde hatte sich aus einer ursprünglich religiösen Gemeinschaft zu einem Berufsverband entwickelt, der in allen größeren Städten Europas existierte. Die Gilde regelte die Ausbildung, organisierte und kontrollierte den Kunsthandel auf Auktionen und sorgte für Maler, die in Not geraten waren. – Heute weiß man von Jan de Herdt nur so viel, daß er die Lukasgilde später verließ und nach Böhmen und Mähren übersiedelte.

Dieses Porträt einer Bankiersfrau ist eines der wenigen, das ihm sicher zugeschrieben werden kann.

Der Hintergrund des Porträts ist ganz in der barocken Tradition gestaltet: Der gebauschte Vorhang und dazu korrespondierend die ebenfalls aufgebauschte Tischdecke geben dem Gemälde eine gewisse Bewegtheit. Prunkgeschirre setzen nicht nur ein Zeichen für den Reichtum der Porträtierten, sondern kommen auch dem Wunsch nach Dekorativem entgegen. Zwei modische Attribute zeigen die Weltläufigkeit, das „Auf-der-Höhe-der-Zeit-Sein“: der Kneifer, den es in dieser Form erst seit dem 17. Jahrhundert gab, und das silberne Schmuckgehänge, an dem man Schlüssel, aber auch allerhand nützliche Utensilien, Messer, Schere, Schreibgeräte in kleinen Behältern trug.

Das Verhältnis dieser Frau zu ihrem Geld scheint ein völlig kühles, selbstverständliches, vielleicht auch geschäftliches zu sein, sie zählt ohne innere Anteilnahme und kann den Blick dabei sogar von den Münzen abwenden.

Jan de Herdt (1646/47 – nach 1668): „Die Geldzählerin“; Karlsruhe, Staatliche Kunsthalle

Kolorierter Holzschnitt aus Nürnberg um 1580: „Der Reiche und der Bettler als Hermaphrodit"; Privatbesitz

Hermaphroditos war nach der griechischen Mythologie ein Sohn des Hermes und der Aphrodite. Die Quellnymphe Salmakis liebte ihn und bat die Götter, als ihre Liebe nicht erwidert wurde, ihre beiden Körper für immer miteinander zu verschmelzen. Die Götter erfüllten Salmakis' Bitte und ließen alle Menschen, die in einer bestimmten Quelle badeten, zu Hermaphroditen, also Zwittern, verwandelt aus ihr emportauchen.

Diese Verwandlungssage machte den Menschen der Antike das rätselhafte Phänomen des Zwitters verständlich. Im Barock stieß die Sage auf besonderes Interesse, konnte sie doch hervorragend als Erklärungsmodell für die Verschmelzung von konträren Erscheinungen dienen. Besonders die Figur des Hermaphroditen kam der Vorliebe der bildenden Kunst für allegorische Darstellungen entgegen; mit dieser Figur konnten in idealer Weise schwer begreifbare, ambivalente Phänomene ins Bild gesetzt werden.

Holzschnitte, wie der hier abgebildete, sind daher geradezu typisch für die Barockzeit. Eine bittere Lebenserfahrung ließ sich auf eine einzige Figur verkürzt darstellen: Der Wohlhabende mit seiner kostbaren Kleidung und dem zum Zeichen seines Reichtums prall gefüllten Geldbeutel konnte über Nacht zum Bettler werden, der in Lumpen gehüllt am Bettelstab ging. Kriegswirren, Naturkatastrophen und eine allgemeine Rechtsunsicherheit waren die Ursache dafür. Der Grundgedanke und die moralisierende Lehre, die sich als Konsequenz aus dieser Erfahrung ergab, hieß: Nichts ist von Bestand. Reichtum und Armut sind nur zwei Seiten einer Medaille. Deshalb – hängt nicht euer ganzes Sinnen und Trachten an irdische Güter, an Geld und Gold!

Brizé: „Trompe l'œil"

Das Trompe l'œil (wörtlich: Augenbetrug, Augentäuschung) ist eine besondere Form des Stillebens, bei der die Gegenstände so ähnlich gemalt sind, daß sie dem Auge als Wirklichkeit erscheinen. Diese Darstellungsweise war schon in der Antike bekannt. So berichtete Plinius, daß der griechische Maler Zeuxis im 5. vorchristlichen Jahrhundert Tauben so täuschend echt gemalt habe, daß Vögel angelockt worden seien. – Um Wirklichkeitsnähe bemühten sich im 15. Jahrhundert wieder die Renaissancemaler. Wer beweisen wollte, daß er die neue Technik der perspektivischen Malerei ebenso wie ausgeklügelte und ausgewogene Licht- und Schattenwirkung beherrschte, dem wurde das Trompe l'œil zum willkommenen Prüfstein, sein Können unter Beweis zu stellen.

Das hier abgebildete Gemälde war eine Auftragsarbeit der Rechnungskammer der Stadt Amsterdam. Es sollte einen dreifachen Sinn erfüllen: einen dekorativen, einen moralischen und einen dokumentarischen. Zunächst sollte es als Wandschmuck die Schatzkammer dekorieren; einen moralischen Appell sollte es insofern darstellen, als Besucher und Angestellte des Amtes angesichts des künstlerischen Augenbetrugs an gewissenhafte und genaue Abrechnung und Durchsicht der Papier gemahnt wurden, schließlich sollte es der Um- und Nachwelt dokumentieren, in welch ordentlichem Zustand sich die Registratur dieser Behörde befand – ein wenig zugespitzt formuliert: Dieses Trompe l'œil war ein Hymnus auf die Organisation der Rechnungskammer!

Dieses Bild ist – ganz ungewöhnlich für ein Gemälde – in die Literaturgeschichte eingegangen: Joost van den Vondel (1587–1679), berühmtester niederländischer Dichter seiner Zeit (und ebenfalls Maler), hat es in einem Gedicht verherrlicht.

Über das Leben Brizés ist sehr wenig bekannt, nur soviel, daß er viele Jahre Kastellan des Amsterdamer Theaters war und hauptsächlich Stilleben und Porträts malte.

Cornelis Brizé (1622 – nach 1655): „Trompe l'œil mit Akten, Rechnungen und Münzen";
Amsterdam, Historisches Museum

Der Geizhals bleibt im Tode karg,
Zween Blicke wirft er auf den Sarg,
Und tausend wirft er mit Entsetzen
Nach den mit Angst verwahrten Schätzen.

Christian Fürchtegott Gellert

Flämisch um 1600: „Prunkstilleben“

Unter Stilleben versteht man die Darstellung lebloser oder unbewegter Gegenstände wie Blumen, Früchte, Schmuck. Der Begriff leitet sich her von „stilles Leben“; im Italienischen heißt es drastischer „natura morte“ (tote Natur).
Als eigenständige Kunstgattung ist die Stillebenmalerei verhältnismäßig jung. Das Mittelalter kannte sie überhaupt nicht. Im 15. Jahrhundert finden sich die ersten Vorläufer: stillebenartige Arrangements von Blumen, Geräten oder Schmuck um ein zentrales Bildmotiv – beispielsweise eine Marienfigur – herum. Erst im 16. Jahrhundert verselbständigt sich die Stillebenmalerei als eigenständige Kunstgattung, wobei die Darstellung typischer Gegenstände (Blumen, Pokale, Münzen, Kuriositäten) fast immer in einen moralisierenden Zusammenhang über den Sinn des Lebens gestellt wird. Sie deuten die Welt in Bild-Symbolen und erinnern an die Vanitas, an die Vergänglichkeit alles Irdischen. Die Wissenschaft neigt heute dazu, die in dieser Zeit massiv auftretende Vanitas-Thematik als ein Kompensationsphänomen auf den Verlust religiöser Inhalte zu betrachten.

Dieses flämische Prunkstilleben verzichtet zwar auf die üblichen Symbole, die für die Vergänglichkeit stehen, wie Sanduhr, Blumen, deren Blätter fallen oder die von Käfern zerfressen werden, umgefallene Gläser usw., dafür mahnt der sterbende Mann im Hintergrund umso deutlicher daran, daß Reichtum nicht zum Sinn des Lebens werden darf. (Weitere Entwicklung des Stillebens s. S. 74).

Alle Menschen in der Welt streben nur nach Gut und Geld. Und wenn sie es dann erwerben, legen sie sich hin und sterben!

Deutscher Reimspruch

Flämisch um 1600: „Prunkstilleben mit sterbendem Mann“; Privatbesitz

Doch zunächst dominiert der Vordergrund. Wirkungsvoll heben sich vor einer schwarzen Wand eine goldene, mit Münzen gefüllte Schale, ein ebenfalls goldener Prunkpokal, ein Gefäß mit Ringen, eine Menge Schriftstücke, die versiegelt, also wichtigen und wertvollen Inhalts sind, ein silbergoldener Humpen und ein riesiger Haufen von Gold- und Silbermünzen ab. Aber die Aufzählung der Schätze geht auch da noch weiter, wo die Konturen der dunklen Farbe wegen verschwinden; Säcke sind da angedeutet, Geldbeutel, eine Kette und vorn im Bild, zwar noch gut erkennbar, aber im dunklen Silber weniger auffallend, eine weitere Schale. Eine eindrucksvolle Ansammlung!

Das aufstrebende Bürgertum ist stolz auf seinen Besitz und zeigt ihn gern. Doch das Lebensgefühl der Barockzeit ist in seinem Verhältnis zum Wohlstand ambivalent. Reichtum verursacht ein schlechtes Gewissen. Könnte dieser Besitz nicht durch Geiz oder Habsucht, gar durch mitleidloses Übervorteilen und Betrug angehäuft worden sein? Selbst wenn das nicht der Fall ist, ist der Reiche nicht in Gefahr, das Leben nur vordergründig zu genießen, verstellen ihm nicht seine Schätze den tieferen Sinn des Lebens?

Der Künstler hat den moralischen Aspekt nicht vergessen und einen Teil des Bildes ausgespart für eine eindrucksvolle, grausame Sterbeszene. Dämonen bedrängen den Mann. Ein gesiegeltes Schriftstück – ein Pakt mit dem Teufel? – wird ihm von zwei geflügelten, aber scheußlichen Wesen vorgehalten. Zum Fenster schlagen die Flammen hinein, Vorboten der Hölle. Das Hab und Gut aber, all die angesammelten Reichtümer, fallen zu Boden – nichtig, wertlos in dieser Stunde!

Dieses kleine Bild vom sterbenden Mann ist mit dem eigentlichen Gemälde, dem Prunkstilleben, durch keinerlei Optik verbunden, es ist z. B. kein Blick in ein Nebenzimmer gestaltet worden. Damit wird deutlich, daß hier nicht zwei Szenen nebeneinander dargestellt werden sollten, nichts perspektivisch Verschränkbares, sondern daß es sich nur um einen rationalen Anstoß handelt. Der Betrachter wird aufgefordert, seine eigene Einstellung kritisch zu überprüfen und bei aller Freude am Besitz, sich der Vergänglichkeit alles Irdischen bewußt zu werden.

Reichtum ist wie ein Apfel:
außen schön, innen faul!

Martin Luther

Stomer: „Der Geiz"

Dieses Gemälde gab und gibt den Kunsthistorikern mancherlei Rätsel auf. Es ist zwar auf 1642 datiert, und man weiß, daß es zu einem allegorischen Zyklus „Von den sieben Todsünden" gehört, weil es aber nicht signiert ist, wurde es aufgrund stilkritischer Vergleiche zunächst Honthorst, dann dessen Schüler Sandrart zugeschrieben. Heute nimmt man an, daß ein anderer Honthorst-Schüler, nämlich Matthias Stomer, der Maler war.

Auch die Interpretation des Bildes ist nicht eben einfach; das wird schon daran deutlich, daß es mehrere Titel bekam: „Schule der Versucher" hieß es und „Die Versuchung", durchgesetzt hat sich, wohl auch, weil es sich so am besten zu den anderen Todsünden, dem „Stolz", dem „Neid" und der „Völlerei" fügt, „Der Geiz".

Mit der Deutung des Gemäldes ließ der Maler – vielleicht ganz absichtsvoll, um zum Nachdenken anzuregen – den Betrachter deshalb so allein, weil mehrere, sich gegenseitig ausschließende Interpretationen möglich sind. Das ist keine Seltenheit in der Barockzeit, die das Rätselhafte, das Sphinxhafte liebte, Symbole mit verschiedenen Bedeutungen besetzte und aus den zunächst allgemeinverständlichen, allegorischen Verschlüsselungen eine Geheimwissenschaft entwickelte.

Schon die Beleuchtung durch die Öllampe mit den ausgeprägten Hell-Dunkel-Effekten läßt die Szene geheimnisvoll erscheinen. Sowohl Stomer als auch sein Lehrer Honthorst waren in Rom Caravaggios ausdrucksstarker Malerei begegnet und hatten dessen Hell-Dunkel-Technik in ihren Stil übernommen. Durch das Licht in den Mittelpunkt gerückt ist eine ältere Frau, die den Betrachter zweifelnd, fragend anschaut, obwohl sich doch zwei ins Zwielicht getauchte Männer um ihre Aufmerksamkeit bemühen. Die Frau prüft mit ihrer Waage – dem Symbol der Gerechtigkeit und der Genauigkeit – Münzen auf ihre Echtheit. Der Vorgang des Abwägens kann aber auch eine allegorische Verschlüsselung dafür sein, daß sie sich für den einen Weg oder den anderen entscheiden muß. Die Unentschlossenheit auf ihrer Miene würde diese Annahme stützen, aber auch die räumliche

Matthias Stomer (um 1600–nach 1650): „Der Geiz“; Kassel, Staatliche Kunstsammlungen

Zuordnung der beiden Männer, die sie zu überzeugen suchen. Vor ihr eine jugendliche Gestalt, blondgelockt, hübsch, fröhlich dreinschauend – oder liegt in diesem Blick nicht auch etwas Diabolisches? Aus dem Lockenhaar wachsen zwei Hörner, die diesen jungen Mann als teuflischen Verführer kennzeichnen. Er schüttet die Goldmünzen aus seinem gelben Beutel (Farbe des Judas, des Neids, des Verrats!) auf den Tisch. Der geöffnete Beutel und das Ausschütten von Münzen war eigentlich Symbol der Nächstenliebe, der Caritas, der Großzügigkeit. Verkehrt es sich in den Händen des Teufels zur sinnlosen Verschwendung? Oder gibt ihr etwa der Verführer noch mehr Geld, um sie in das andere Extrem unchristlicher Haltung zu treiben? Wird sie auch diese Münzen prüfen, in Beutel verpacken und sie zu den anderen oben auf den Sims stellen, voller Habsucht und Geiz? Verführt der Böse in Gestalt des schönen Jünglings also zu Geiz oder zu Verschwendungssucht?
Auch die dritte Person, ein älterer Mann, will sich in keine eindeutige Erklärung fügen. Er redet auf die Geldwägerin ein, und der Ausdruck seines faltigen Gesichts, die einfache Kleidung und die demütige Gebärde des Hutabnehmens lassen ihn eher wie einen Bittsteller erscheinen. Doch was bedeutet dann der Beutel, den er mit seiner Linken fest umschlossen hält? Ist es seine letzte Habe, und erhofft er von der Frau Hilfe, ein paar der reichlichen Münzen? Ist er gar schon abgewiesen worden? Oder redet er ihr gerade zu, das Geld zu horten, den Beutel fest zu schließen so wie er es selbst tut?

Der Dramatik, die durch die Hell-Dunkel-Effekte der Szenerie erreicht wird, entspricht die innere Spannung des Gegensatzpaares Verschwendung – Geiz, und das Zweideutige des Sinngehalts findet im Zwielicht seinen Ausdruck. Das Gemälde nimmt seinen Betrachter auch deshalb so gefangen, weil alles in der Schwebe bleibt, sich die Waage hält und er sich selbst durch den Blick, den die Geldwägerin auf ihn richtet, zur Entscheidung aufgerufen fühlt.

Das empfindlichste Organ des menschlichen Körpers ist der Geldbeutel, bei dessen bloßer Erwähnung schon das Wohlbefinden gestört wird und die Gemütlichkeit aufhört.
Otto Hupp

Joseph Werner d. J. (1637–1710): „Allegorie auf den Handel"; Bern, Kunstmuseum

Im Barock ist die Kunst wieder in die Abhängigkeit von ihren Auftraggebern, meist den Repräsentanten von Staat und Kirche, geraten. Sie dient deshalb vor allem der Selbstdarstellung des Mäzens oder der Vermittlung einer Idee. Weit weg von l'art pour l'art steckt in jedem Kunstwerk eine Aussage.

Auch diese „Allegorie auf den Handel" ist eine ins Bild gesetzte Botschaft: „Der Handel ist gut!" oder „Der Handel soll gut sein!" Eine Vielzahl von Symbolen, die dem heutigen Betrachter erst aufgeschlüsselt werden müssen, variieren diese Botschaft. Eine schöne junge Frau wird, mit den überlieferten Attributen des Gottes Merkur versehen zur Personifikation des idealen Handels. Der Flügelhut spricht für die Beweglichkeit, der Merkurstab (Wünschelrute), um den sich zwei Schlangen (List) winden, für das intuitive Erfassen einer günstigen Gelegenheit. In ihren Händen hält sie einen großen Folianten mit der Aufschrift „Solutus omni fenore" – frei von allem Wucher. Die Maske ist gefallen, also ist keine Falschheit, keine Verstellung mehr im Spiel. Dem Wolf der Habgier, der schon in die Geldsäcke beißt, setzt sie ihren Fuß auf den Nacken, sie hat das Gewinnstreben also unter Kontrolle.

Umgeben ist sie von Attributen des Wohlstandes: Geldkisten und Geldsäcken, Ballen von edlen Stoffen, wertvollen Vasen, Schmuck und Münzen. Der Papagei am oberen Bildrand (ein seltenes und für die damalige Zeit kostbares Tier) und die Schiffe im Hintergrund suggerieren Weltläufigkeit. Daß all dieser Reichtum ehrlich und durch Fleiß erworben wurde, deuten die verschiedenen Waagen sowie das Schreibgerät, die Korrespondenz und die doppelte Buchführung an. Und schließlich zeigt der Januskopf in der oberen Mitte des Bildes, daß beim idealen Handel jugendlicher Tatendrang gepaart sein muß mit der Erfahrung des Alters.

Kolorierter Einblattdruck des 17. Jh.s: „Der Tod des Wucherers"; Privatbesitz

In einer von Kommunikationsangeboten überquellenden Zeit kann man sich kaum noch vorstellen, wie der Mensch vor mehr als 500 Jahren sein Bedürfnis nach Information und Unterhaltung befriedigte. Wo wir heute unter der Qual der Wahl stöhnen und das Nebeneinander von Zeitung, Illustrierter, Buch und den elektrischen Medien, Funk, Fernsehen und Telefon, beinahe als lästig und zuviel empfinden, da nahmen die Menschen vor 500 Jahren, also vor der Erfindung der Buchdruckerkunst, gierig auf, was sich ihnen bot; sie strömten zu den Gauklern und Bänkelsängern auf die Marktplätze, bestaunten das Wirken der Quacksalber und belustigten sich auf den Volksfesten.

Mit Gutenbergs Erfindung und der verfeinerten Methode der Papierherstellung begann die Entwicklung des Medienwesens. Als Vorläufer der Zeitungen und Illustrierten wurden die sogenannten „Einblattdrucke" sehr beliebt – Einzelblätter, die mit Bilderzählungen einseitig bedruckt wurden. Bis in das 17. Jahrhundert hinein, als langsam die Zeitungen ihren Markt eroberten, wurden sie in vielerlei Funktionen eingesetzt, angefangen von Einladungsschreiben für einen kleineren Personenkreis bis hin zu Erlassen, die durch sie flächendeckend bekannt gemacht wurden.

Mit den Einblattdrucken wird der Beruf des Verlegers geboren. Er ließ die Blätter herstellen und durch fliegende Händler verkaufen. Wollte er gewinnbringend arbeiten, so mußte er hohe Auflagen erzielen, und das gelang nur, wenn er populäre Themen aufgriff. Damals wie heute waren in der Unterhaltung vor allem „crime and sex" gefragt, erotische Themen und das Verbrechen, bzw. die möglichst brutale Bestrafung von Bösewichtern.

In diese letzte Kategorie gehört auch der hier abgebildete „Tod eines Wucherers". Im 17. Jahrhundert machte man Wucherer und Spekulanten verantwortlich für Wirtschaftskrisen und Hungersnöte, deren eigentliche Ursachen in Kriegen und Mißernten lagen. Unverhohlener Haß schlug ihnen entgegen. Um diesem Haß Ausdruck verleihen zu können, suchte man nach einer religiösen Fundierung.

Wenn nun auf den Einblattdrucken der Tod eines Geizigen oder eines Wucherers, des „Teuffels Tyranney", mit einer überschäumenden Phantasie in grausamen Details ausgemalt wurde, so war das dem Volk aus der Seele gesprochen.

Wůcherzer.

Der Schätz ſamlet innſ Himelsſahl,
Tringt durch den Tod innſ gnadentahl.
O Ellender dein Wůcherzey
Störtz dich innſ Teüffels Tyranney.

Umkreis des Johann Rudolf Loutherburg: „Vanitas-Stilleben aus dem Jahr 1700“; Bern, Historisches Museum

Vanitas-Stilleben sind im Grunde gemalte Predigten! Der Betrachter soll sich seiner eigenen Endlichkeit bewußt werden, wenn ihm im Bilde die Vergänglichkeit alles Irdischen vor Augen geführt wird. Diese moralisierenden, nachdenklich-machenden, weltlichen Andachtsbilder entstanden vor allem da, wo die calvinistische Gesinnung eine Übertragung des absolutistischen Gedankens in die Malerei nicht zuließ – in den Niederlanden und natürlich auch in der Schweiz.

In barocker Überfülle stimmt dieses Vanitas-Stilleben (vanitas, lat. = Nichtigkeit) den Betrachter auf das „Memento Mori“ ein, wobei die Symbolik damals allgemein verständlich war. Der Affe allein hätte genügt, um die Eitelkeit zu kennzeichnen, Strohhut und Pfauenfeder unterstreichen sie noch. Aber auch Münzen, die hier (Verschwendungssucht andeutend) ausgeschüttet werden, und Schmuck zählen zu den alten Eitelkeitssymbolen. Die Schönheit der Rose wird nicht mehr lange dauern, schon fallen die ersten Blätter. – Neben der Sinnenlust die kurzlebigen Gaumenfreuden: Das Weinglas ist leer und umgefallen. Das Kartenspiel, das wie die Schmuckdose aus dem Bild herauszufallen scheint, weist auf die Oberflächlichkeit hin. Weder die Beschäftigung mit Musik (Geige) und Literatur (Bücher) nicht mit Philosophie (Bildnisse der antiken Philosophen Demokrit und Heraklit) können den Sinn des Lebens erschließen.

Die Obigatio am rechten Bildrand ist auf Hanns Liederlich und Else Sorglos ausgestellt: Auch hier der Hinweis, daß auf nichts Verlaß ist. Taschen- und Sanduhr, dazu der auf das Jahr 1700 datierte Kalender sind kaum verschlüsselte Hinweise auf das Verrinnen der Zeit. Die verglimmende Kerze, die zerbrochene Scheibe und am deutlichsten der Totenkopf sollen den Menschen aufschrecken lassen und zur Besinnung führen. Im Zentrum des Bildes und durch die Helligkeit herausgehoben die Ursache, die nun doch religiös begründete Erklärung: Der Sündenfall, die Vertreibung aus dem Paradies und die im aufgeblätterten Buch noch lesbaren schlechten Eigenschaften der Menschen, die ihn dahin geführt haben.

Die realistische Darstellung der einzelnen Dinge wird durch ihre willkürliche Zuordnung auf einer schiefen Ebene – die Gegenstände scheinen über dem Tisch zu schweben und im Herabfallen begriffen – aus der Realität herausgehoben in eine moralisierende Gedankenwelt.

Umkreis des Johann Rudolf Loutherburg: „Vanitas-Stilleben aus dem Jahr 1700“;
Bern, Historisches Museum

Geld und Liebe

Der nackte Körper, Erotik und Sexualität waren fast ein Jahrtausend lang für die darstellenden Künste ein Tabu, ausgeschlossen durch die Ideale von Keuschheit und Askese, verdrängt durch die religiösen Themen, die Malerei und Plastik beherrschten.

Da begann, in der Übergangsphase von der Spätgotik zur Frührenaissance, ausgerechnet bei einem urchristlichen Motiv das Tabu langsam abzubröckeln, bei den Madonnenbildern. Jan van Eyck und Rogier van der Weyden haben zum Beispiel solche Madonnen mit mütterlicher und vorsichtig erotischer Ausstrahlung gemalt.

Die Hinwendung zur Antike, die Beschäftigung mit den Humanisten, das Bemühen um eine wirklichkeitsgetreue Erfassung der Natur und des Menschen waren die Voraussetzung dafür, daß der nackte Körper, daß Erotik und Sinnlichkeit, daß vitale diesseitige Lebensfreuden in dem gewaltigen Umbruch der Renaissance ihre künstlerische Wiedergeburt erlebten.

Drei gedankliche Einkleidungen waren als Vorwand solcher sinnlicher Darstellungen beliebt: Die griechische Mythologie, das Alte Testament und die römische Geschichte. Die Freude an der Schönheit nackter Frauenkörper konnte man in idealisierten Gestalten wie Aphrodite, Artemis usw. im Mantel humanistischer Bildung präsentieren und geheime erotische Wünsche in olympisches Gewand kleiden, wenn man von den Abenteuern des Zeus berichtete. – Im Alten Testament boten sich die Töchter des Lot, Bethsabe und Potiphars Weib an, um die Sünden der Sexualität darzustellen. – An Lukretia und Kleopatra schließlich entzündeten sich pikant-erotische Phantasien, denen die Schärfe dadurch genommen wurde, daß sie aus historischer Distanz gestaltet waren.

In Deutschland und den Niederlanden wurde das erotische Spektrum um zwei Bereiche erweitert, „käufliche Liebe“ und „ungleiche Paare“. Zwar klingt ein moralisierendes Element mit an, aber der eigentliche Impuls für diese Themenwahl liegt doch in dem sich verstärkenden künstlerischen Bemühen, die Wirklichkeit des Lebens in all seinen Erscheinungsformen zu erfassen.

In diesem Kapitel werden solche Werke der erotischen Kunst gezeigt, in denen das Geld, bzw. der Griff in den Geldbeutel, eine zentrale Rolle spielt. Erst durch das Geld wird die Phantasie des Betrachters bei den Motiven „ungleiche Paare“ und „käufliche Liebe“ eindeutig in Richtung Sexualität gelenkt, deren unverhüllt offene Darstellung bis tief ins 19. Jahrhundert hinein verpönt war. Der Goldregen erfüllt diegleiche Funktion und macht sogar Zeus' Auftritt in den Gemälden überflüssig.

Cranach: „Ungleiches Paar" und „Die verliebte Alte"

Der häßliche alte Mann, der die schöne junge Frau begehrt, und die zahnlose Alte, die sich in den jungen Mann verliebt hat – sie sind nur zwei Beispiele von über einem Dutzend „ungleicher Paare", die Lucas Cranach malte. Die Paare sind zu einer gewissen Übereinstimmung gekommen, ja, wäre nicht der Griff in den Geldbeutel und das In-die-Hand-Zählen der Münzen, so würde man gar nicht gleich an käufliche Liebe denken. Der jeweils ältere Partner freut sich offensichtlich, daß das Geschäft zustande kam, und die junge Frau mit dem halb verächtlich, halb verschmitzten Lächeln findet, so scheint es, diesen Handel auch vorteilhaft, während im Gesichtsausdruck des jungen Mannes beinahe so etwas wie Mitleid liegt.

Es entsteht eine Szene, die durch die Harmonie der Farben und Gesten an nichts Außergewöhnliches, schon gar nicht Erschreckendes denken läßt. Was bleibt, ist ein pikantes Thema, das schön ausgemalt dem Geschmack der Zeit entsprach und also gut verkäuflich war.

Dieser ökonomische Gedanke scheint bei Lucas Cranach durchaus eine Rolle gespielt zu haben. Er starb als reichster Mann Wittenbergs. Neben seiner gut gehenden Malerwerkstatt hatte er seit 1513 einen Weinausschank, später noch eine Apotheke, eine Buchhandlung und eine Druckerei betrieben. Schon als junger Mann war er Ratsherr und wurde dann dreimal zum Bürgermeister von Wittenberg gewählt. Doch sein entwickelter Geschäftssinn tritt auch in seiner Themenwahl zutage: amouröse Motive, nackte Schönheit unter mythologischem Vorwand dargeboten hatten bei Adel und wohlhabendem Bürgertum geradezu Hochkonjunktur. So malte er – nach dem Werkkatalog von Friedländer und Rosenberg – 31 mal Eva; 32 mal Venus; 35 mal Lukretia!

In die Kunstgeschichte ging Cranach einerseits (neben Altdorfer) als Begründer der Donauschule ein und andererseits als Schöpfer einer protestantischen Kunst. Als enger Freund Luthers – er war sein Brautwerber und Pate seiner Tochter – schuf er Holzschnitte zu den Reformationsschriften und zur Bibel.

Lucas Cranach d. Ä. (1472–1553): „Ungleiches Paar"; Budapest, Museum der Schönen Künste

Zahle das Geld her,
so kommt die Braut!

Arabisches Sprichwort

Bei Geld und Gut
wächst Liebesglut.
Deutsches Sprichwort

Werkstatt des
Lucas Cranach d. Ä.
(1472–1553):
„Die verliebte Alte";
Budapest,
Museum der Schönen
Künste

Hans Baldung: „Ungleiches Paar“

Den Beinamen „Grien“ bekam Hans Baldung, als er noch sehr jung („grün“) bei einem Straßburger Meister lernte – er behielt ihn sein Leben lang bei. Sein zweiter berühmter Lehrmeister und enger Freund, der Baldung Griens Werk nachhaltig beeinflußte, war Albrecht Dürer. Bis auf eine fünfjährige Schaffensperiode in Freiburg im Breisgau war Baldung dann als angesehener Meister in Straßburg tätig.

Die Hauptwerke seiner Frühzeit sind Altarbilder. Dagegen greifen Glasmalereien und Holzschnitte, die er in zunächst noch sichtbarer Anlehnung an Dürer schuf, auch schon profane Thematik auf. Da in den Stürmen der Reformation die Kirche als Auftraggeber an Bedeutung verlor und andererseits das wohlhabende Bürgertum mehr und mehr begann, Gemälde zu sammeln, nicht nur, um die Häuser damit zu schmücken, sondern auch als Geldanlage, gestaltet Hans Baldung in seiner mittleren und späten Schaffensperiode immer häufiger profane Themen. Diese durch die Zeitläufte notwendig gewordene Umorientierung vom Sakralen zum Profanen scheint aber auch Hans Baldungs persönlicher Neigung entsprochen zu haben.

Der weibliche Körper erscheint nun nicht mehr im Zustand paradiesischer Unschuld, sondern häufig in einer der Macht des Fleisches durchaus bewußten, verführerischen Blöße. Einen moralisierenden Hintergrund bekommt die nackte Schönheit da, wo sie im Sinne der Vanitas-Thematik der Häßlichkeit eines alten Körpers gegenübergestellt wird. Auch das „ungleiche Paar“ hält eine Erkenntnis für den Betrachter bereit: Kaufen konnte der alte Reiche nur den Körper dieses jungen Mädchens, seine Liebe nicht. Es ist geradezu irritierend bleich, wie tot, und ihr starrer Blick macht deutlich, daß in diesem Augenblick mindestens ihr Inneres leblos ist. Als einzige Verbindung zur Realität bleiben die Münzen, die sie mit einer mechanischen Geste in ihrem Schoß zählt. Ganz anders dagegen der alte Mann, dessen Wohlhabenheit an seinem Schmuck und an dem pelzbesetzten Rock unschwer zu erkennen ist. In ihm ist alles in Aufruhr, sein Gesicht in flammende Röte getaucht, die Adern treten hervor, die weißen Haare umflattern seinen Kopf, die Unterlippe vorgeschoben, blickt er voller Begehrlichkeit auf das Mädchen, das er mit besitzergreifender Geste umfaßt. Obwohl hier Lebhaftigkeit gegen Teilnahmslosigkeit gesetzt ist, dominiert das geradezu grelle Weiß, die Farbe der Unschuld, das Gemälde. Das Mädchen, das sich gegen Geld hingibt, wird dadurch zum Opfer. Nicht ihre Sittenlosigkeit ist angeklagt, sondern die des Mannes, den trotz seines Alters Zügellosigkeit statt Weisheit bestimmt.

Hans Baldung gen. Grien (um 1484/85–1545): „Ungleiches Paar“; Karlsruhe, Staatliche Kunsthalle

Anonymer Einblattdruck (Nürnberg um 1500): „Käufliche Liebe"; Privatsammlung

Einblattdrucke, jene Vorläufer der Zeitungen, waren ursprünglich von der Kirche (z. B. bei Ablaßbriefen) und der Obrigkeit (z. B. bei Münzverrufungen) zur preiswerten Masseninformation eingesetzt worden. Doch mit dem Aufstieg des Kleinbürgertums war in den Städten ein in Maßen zahlungskräftiges und auf Unterhaltung erpichtes Publikum herangewachsen, das sich nicht wie Adel und Großbürgertum teure Bücher oder gar Öl- und Tafelbilder leisten konnte, aber für einfache, illustrierte Druckwerke einen rasch expandierenden Markt bot.
Kaufmännisch denkende Drucker erkannten diese außergewöhnliche Marktchance und stellten als Verleger vor allem mit Holzschnittillustrationen versehene Einblattdrucke her. In Nürnberg und Augsburg entstanden so die ersten verlegerischen Zentren.
Ein besonders beliebtes und deshalb gut verkäufliches Motiv auf diesen Einblattdrucken waren die „käufliche Liebe" und die „ungleichen Paare". So einfach und eindeutig waren diese Darstellungen, daß sie auch ohne den begleitenden Sinnspruch, also auch von Analphabeten, verstanden wurden.
Der Pelzhut, die Ringe, die kostbare Schließe und die aus dem Sack hervorquellenden Münzen kennzeichnen zur Genüge den reichen Mann, und der Griff der jungen Frau mitten hinein in die Münzen ist auch hier das Zeichen für das abgeschlossene Geschäft.

Ach schöne fraw ir gebent mir freüd vnnd mut/Dorfft ich euch vertrauen es wer gar gutt
Ach eilent pald lieber Herr/Rath euch kan ich groß beyter

Holbein: „Lais von Korinth“

Mit Hans Holbein d. J. wird den herausragenden deutschen Künstlern der Dürerzeit, Lukas Cranach (S. 110, 111) und Hans Baldung Grien (S. 113), ein weiterer ganz großer Name hinzugefügt.
Hans Holbein wurde 1497 in Augsburg geboren, er lernte bei seinem Vater, Hans Holbein d. Ä. (S. 37), und führte vor allem dessen Bildniskunst fort. Auf ausgedehnten Reisen nach Italien, Frankreich und England holte er sich weitere Anregungen. Künstlerische Heimat blieb ihm in diesen Wanderjahren aber Basel, wo zwischen 1515 und 1526 und noch einmal 1528–32 bedeutende Werke entstanden, darunter auch die „Lais von Korinth“. Die letzten zwei Jahrzehnte seines Lebens verbrachte er in London. Dort schuf er Porträts für Kaufleute, aber auch Wandmalereien und wurde schließlich Hofmaler Heinrichs VIII.
Für den humanistisch gebildeten Menschen jener Zeit war die Lais von Korinth ein Begriff. Diese griechische Hetäre war berühmt für ihre Bildung, ihren Charme, ihre Schönheit, ihre Schlagfertigkeit und – für die Höhe des Honorars, das sie als Liebeslohn forderte und bekam! Hans Holbein muß es natürlich gereizt haben, diesen Inbegriff von Schönheit zu gestalten, lag doch seine künstlerische Stärke gerade im Porträt. Als Modell wählte er sich eine Offenburgerin oder deren Tochter – darüber sind sich Holbeins Biographen nicht einig –, die beide im Ruf standen, einen recht freizügigen Lebenswandel zu führen. Die gleiche Frau stand auch für ein Madonnenbild (Madonna des Bürgermeisters Meyer) und eine Venus-Darstellung (Venus und Amor) Modell.
Diese Lais ist aus einer objektivierenden Distanz heraus dargestellt, wie sie für Holbein so typisch ist und die er nur in ganz wenigen Fällen, z. B. bei dem Bildnis seiner Frau und seiner Kinder, aufgibt, um menschliche Wärme einfließen zu lassen.
Die Bedeutung dieser Frau wird durch das kostbare Gewand hervorgehoben, das Holbein sorgsam ausgestaltet und das die jugendliche und doch reife Schönheit dieser Frau adelt. Distanz ist nicht nur zwischen dem Künstler und seinem objektiv abgebildeten Modell, innere Distanz liegt auch zwischen dem Betrachter und der Frau. Weit weg von der prallen Lebensfreude der Kurtisane bei Honthorst (S. 119) oder der Unschuld, die es zur Sünde zu überreden gilt, bei von Aachen (S. 121) und bei van Winghen (S. 123), scheinen bei ihr die Kriterien von Unschuld und Sünde nicht anwendbar, diese Frau ist in ihrer Vollkommenheit unantastbar und entrückt, vergleichbar der Mona Lisa von Leonardo.

Hans Holbein d. J. (1497–1543): „Lais von Korinth“
Basel, Öffentliche Kunstsammlung

Honthorst: „Die Kurtisane“

Als Honthorst 1620 von seinem 10jährigen Italienaufenthalt nach Utrecht zurückkam (vgl. S. 138), wurde der Katholizismus in Holland offiziell geächtet. Der Katholik Honthorst paßte sich an. Die religiösen Motive, mit denen er seine Maler-Laufbahn begonnen hatte und die auch seine italienische Zeit zum großen Teil bestimmten, traten zurück. Als Caravaggist (Nachfolger Caravaggios) hatte er nicht nur dessen Hell-Dunkel-Technik übernommen, sondern auch die Darstellung eines etwas bäurischen, etwas derben Menschentyps. Dieser Typ tritt nun in den Genrebildern hervor, die dem Geschmack der reformierten Holländer mit dem erwachten Interesse an nicht-biblischen Themen entsprachen. In warmen, bunten Farben gestaltet er Szenen voll praller Lebensfreude: Fröhliche Gesellschaften, Kartenspiel, Essen und Trinken und die Freuden einer derb-sinnlichen Liebe. Die Figuren sind bunt und prächtig gekleidet; es ist keine ganz elegante, keine höfische Welt, die er malt, sondern eine wohlhabende, herausgeputzte, bürgerliche, eine Welt der unreflektierten Lebenslust, die den Augenblick in vollen Zügen genießt und nicht etwa, wie es bald im Barock üblich wird, an Tod und Vergänglichkeit, an die Vanitas denkt.

Auch das Geld – das hier lachend vorgezeigt wird – ist ein reines Instrument der Lebenslust, eine Eintrittskarte für die Freuden des Alltags. Man hat es und gibt es fröhlich aus, ohne sich darüber irgendwelche „moralischen“ Gedanken zu machen.

Durch seine Malerei war Honthorst so anerkannt, daß er nicht nur in Utrecht und in Den Haag in die Malergilde aufgenommen wurde, sondern der Utrechter Zunft sogar zeitweise vorstand. Vom englischen Königshaus und Fürstenhöfen erhielt er Aufträge für großformatige Porträts und allegorische Themen.

Daß dieser so erfolgreiche und vielseitige Caravaggist heute nicht mehr zu den ganz „Großen“ gerechnet wird, mag daran liegen, daß man die kraftvolle, satte Lebenslust der Honthorst-Bilder später als zu oberflächlich empfand.

Gerard van Honthorst (1590–1656): „Die Kurtisane“;
Pommersfelden, Schloß Weißenstein

Hans von Aachen: „Kuppelszene“

In beinahe jedem Bild des Hans von Aachen liegt ein erotisches Moment. Dramatik beziehen seine Gemälde aus den Hell-Dunkel-Beleuchtungseffekten und, wie in dieser Szene, aus den lebhaften, fast übertriebenen Gebärden. Mit gespreizter Hand scheint die Kupplerin gerade die Goldmünzen auf den Tisch geworfen zu haben, während sie mit der anderen einen Ring in die Höhe hält und so das Mädchen gewissermaßen in die materielle Verführung einschließt. Auch vor dem Freier liegen Münzen; und er läßt eine prächtige Kette – unübersehbar – vor ihrer Nase baumeln. Aber der Blick des Mädchens weicht aus. Sie hat sich durch all den Glanz noch nicht überreden lassen. Die Blumen in ihrer Hand – Symbol der Unschuld – und die zaghaft abwehrende Handbewegung bekräftigen diesen Eindruck. Dennoch bleibt alles in der Schwebe, und der Ausblick in den angrenzenden Raum, wo sich die Paare schon zusammengefunden haben und ausgelassen miteinander feiern, ist wie ein Blick in die Zukunft – bald wird das Mädchen sicher unter ihnen sitzen.

Hans von Aachen ist erst zu Beginn unseres Jahrhunderts wieder entdeckt worden und zählt heute zu den „Meistern des internationalen höfischen Manierismus“. Er stammte aus Köln, lernte in Florenz und Rom die italienische Malerei kennen und arbeitete dann in seiner Heimatstadt. Aber schon bald darauf machte er regelrecht Karriere. Nachem er eine Zeitlang im kurfürstlichen München als Hofmaler tätig war, wurde er von Kaiser Rudolf II. nach Prag als Kammermaler gerufen und sogar geadelt.

Hans von Aachen (1552–1615): „Kuppelszene";
Karlsruhe, Staatliche Kunsthalle

van Winghen: „Küchenmagd und Liebhaber“

Winghen war wie sein Landsmann Honthorst ein Genremaler. Seine Bilder sind wirklichkeitsnahe – wie die Genremalerei sich ja fast immer gegen gedanklich überhöhte, idealistische Darstellungen durch einen „ehrlicheren“ Realismus absetzen wollte – sie atmen eine ungebrochene Lebenslust. Dieser Geist des Leben-Genießens scheint nicht nur die Gemälde, sondern auch das Leben des Jeremias van Winghen bestimmt zu haben. Er wurde in Amsterdam geboren, ging, wie es für einen jungen Maler seiner Zeit üblich war, nach Rom – auch aus diesem Bild spricht in den Hell-Dunkel-Effekten deutlich der Einfluß Caravaggios – und ließ sich schließlich in Frankfurt am Main nieder. 1616 heiratete er eine reiche Erbin. Unmittelbar nach seiner Hochzeit hängte er die Malerei an den Nagel und lebte lustig und in Freuden – bis das Geld seiner Frau aufgebraucht war! Dann griff er wieder zum Pinsel und malte Genrebilder, deren lebensbejahende Grundstimmung wohl durchaus aus autobiographischen Quellen gespeist wurde.

Auch dieses Bild enthält alle Elemente einer „Wein- Weib- und Gesang-Welt“ – Dreiklang einer urwüchsigen Lebenslust, die weder moralischer Verurteilung noch philosophischer Interpretation ausgesetzt ist: Im Hintergrund eine gutbürgerliche Wirtshausatmosphäre mit weintrinkenden Tric-Trac-Spielern; im Vordergrund alle Ingredienzien einer reich gedeckten Tafel und, durch das Licht in den Mittelpunkt der Handlung gerückt, ein sich anbahnendes Liebesabenteuer. Sicher ist es kein Zufall, daß die Farbe des Fleisches in Bluse und Mieder der Küchenmagd seine genaue Entsprechung findet. Daß hier mit Liebesabenteuer Fleischeslust gemeint ist, wird auch durch die große Silbermünze deutlich. Doch hat das Bild nichts Obszönes, sondern strahlt jene Heiterkeit aus, wie wir sie von den Schäferszenen her kennen.

Jeremias van Winghen (1578–1645): „Küchenmagd und Liebhaber“;
Frankfurt/M., Historisches Museum

Als Vermeer van Delft zu malen begann, galt in Holland die Gestaltung biblischer, mythologischer, historischer und literarischer Themen im Gegensatz zur sogenannten „Fachmalerei“ als die hohe Kunst. Dabei variierten die Maler vor allem italienische Vorbilder und übernahmen deren Formgebung. Auch Vermeer begann so seine künstlerische Laufbahn mit der „Toilette der Diana“, „Christus bei Martha und Maria“ und „Bei der Kupplerin“. Doch übertrug er diese traditionelle Themen in die zeitgenössische Umgebung. Das Motiv der Kupplerin ist in das „biblische Historienbild“ einzuordnen, denn es ist aus der Erzählung um den „Verlorenen Sohn“ übernommen und beschreibt die Verführung, der er ausgesetzt ist.

Bei Vermeer ist das Thema aber herausgelöst aus der moralischen Be- bzw. Verurteilung, kein unsichtbar erhobener Zeigefinger weist auf das negative Vorbild. Der Bildinhalt tritt hinter eine vollkommene Harmonie zurück, die den Betrachter einem rein ästhetischen Vergnügen überläßt. Das liegt vor allem an den warmen ausgewogenen Farben, in denen die Ornamente des Teppichs leuchten. Die Teppichwirkerei war eines der blühenden Gewerbe in Vermeers Heimatstadt. Sein Vater war Seidenwirker. Sicher ist das die Ursache dafür, daß Teppiche und Vorhänge auf Vermeers Bildern oft wie hier in den Vordergrund gerückt werden und immer besonders liebevoll ausgestaltet sind.

Dieser Teppich, der eine Barriere zwischen den handelnden Personen und dem Betrachter errichtet, schafft schon jene Atmosphäre des abgeschlossenen Raumes und der vollkommenen Ruhe, die Vermeers späteres Werk charakterisiert. Dem entspricht die Behandlung des Lichts, das weiche Übergänge von helleren und dunkleren Partien ermöglicht, das die Farben leuchten läßt und damit das Bild belebt, ohne Dramatik in das Geschehen zu bringen.

Einzig der Gitarrenspieler, der als „Randfigur“ an dem Geschäft ohnehin nicht direkt beteiligt ist, sucht mit seinem Blick den Kontakt zum Betrachter und durchbricht damit die Distanz, die die vollendete Ästhetik geschaffen hat. Vermeer nimmt damit in dieses Frühwerk ein beliebtes Stilmittel holländischer Malerei auf, das einer Belebung und einem Kontakt-zum-Betrachter-Knüpfen dient, das aber in seinem Spätwerk undenkbar wäre. In diesen stillen Bildern wird der ganz mit sich selbst beschäftigte Mensch zum Teil eines Stillebens. Vermeers Genrebilder, die den bürgerlichen Alltag, die bürgerliche Wohnkultur so genau beschreiben, erhöhen diesen Alltag gleichzeitig durch die absolute Ruhe und Vollkommenheit zum Sinnbild einer bürgerlichen Zufriedenheit.

Jan Vermeer van Delft (1632–1675): „Bei der Kupplerin“;
Dresden, Gemäldegalerie Alte Meister

Ricci: „Danae“

Nach der griechischen Sage war Danae die einzige Tochter des Königs Akrisios von Argos. Das delphische Orakel prophezeite ihm, daß er von dem Sohn seiner Tochter getötet werden würde. Deshalb schloß er Danae mit einer Amme in ein unterirdisches Gemach ein, damit kein Mann zu ihr gelangen könne. Aber Zeus, den die schöne Königstochter reizte, nahte sich ihr als Goldregen, und Danae gebar Perseus, der übrigens – wie sollte es anders sein – das Orakel später unabsichtlich erfüllte.

Heute wissen wir, daß hinter dem „Goldregen“ eine alte Vorstellung aus der ägyptischen Mythologie steckt. Danach bedeutet Gold Sonne und der Regen die göttliche Fruchtbarkeit. Der mythologische Kern dieses Goldregens hat also nichts mit Käuflichkeit oder Bestechlichkeit zu tun, sondern mit archaischen Fruchtbarkeitsvorstellungen, und Zeus erscheint in dieser Sage als Fruchtbarkeitsgott und Regenspender.

Als man sich in der beginnenden Renaissance mit der griechischen Mythologie beschäftigte, wurde der Goldregen bald als „Geldregen“ mißinterpretiert; schon auf Tizians Danae regnen Goldmünzen herab. Der Mythos ist entzaubert zu einer recht menschlichen Eroberung!

Den Künstlern der Renaissance und des Barock bot sich mit der Danae-Sage die Möglichkeit, den nackten menschlichen Körper in all seiner Schönheit und mit aller sinnlicher Ausstrahlung darzustellen, ohne die Grenzen der Schicklichkeit zu überschreiten. Gossaert und Tizian, Coreggio und Tintoretto, van Dyk und Rembrandt gestalteten Danae in körperlicher Vollkommenheit, realistisch und idealistisch zugleich.

Sebastiano Ricci, neben Tiepolo (S. 78) der bedeutendste spät-venezianische Maler, hat seine „Danae“ noch in den Hell-Dunkel-Lichteffekten seiner frühen Werke gemalt, die die unterirdische Umgebung, die Gefangenschaft, recht wirkungsvoll andeuten. In dem kleinen Amor, der zu Danaes Füßen mit Goldmünzen spielt, läßt sich schon ein wenig das heraufziehende und von Ricci vorbereitete venezianische Rokoko ahnen.

Sebastiano Ricci (1659–1734): „Danae“;
Wiesbaden, Museum

Anne-Louis Girodet-Trioson (1767–1824): „Porträt der Madame Lange als Danae“; Minneapolis, Institute of Arts

1799 löste dieses Gemälde in Paris einen Skandal aus! Jedermann erkannte in der „Danae“ Mademoiselle Lange, die gefeierte Schauspielerin, und die Besucher des Pariser Salons wußten die giftigen Anspielungen, die symbolisch verschlüsselten Hinweise auf ihr Privatleben – das in der Öffentlichkeit allerdings nicht unbekannt war – sehr wohl zu interpretieren.

Das Bild hat eine Vorgeschichte: Die Diva hatte Girodet den Auftrag gegeben, sie zu porträtieren. Als das Porträt dann ausgestellt wurde, erregten ein paar kritische Äußerungen Mademoiselle Langes Unwillen, und sie forderte Girodet auf, das Bild zu entfernen. Der Künstler war aufs äußerste gekränkt und beschloß, das Porträt durch ein anderes Bild so zu ersetzen, daß es zwar makellose Schönheit zeigte, aber die Schauspielerin dennoch kompromittierte. Er wählte für seine Komposition das gleiche ovale Format und paßte das neue Bild genau in den Rahmen des Porträts ein, so daß der Pariser Gesellschaft der Zusammenhang zwischen beiden Gemälden nicht entgehen konnte.

Eingeweihte sahen, daß der kleine Amor, der beim Auffangen der Münzen hilft, die Gesichtszüge der kleinen Tochter von Mademoiselle Lange trägt, und dadurch bekam der Goldregen eine von der Sage entfernte, sehr reale Bedeutung: Die Schauspielerin hatte sich nämlich von einem Verehrer 200 000 livres zur Erziehung ihrer Tochter geben lassen und ihm dafür ihre Gunst geschenkt. Der verflossene Liebhaber ist als gehörnte Maske, eine Goldmünze in der Augenhöhle, am rechten unteren Bildrand (unter dem Bett) dargestellt. Und der Ehemann erscheint als Truthahn zu Füßen der Danae.
Der aufmerksame Betrachter findet auch im kleinsten Detail, im ausschmückenden Beiwerk des Gemäldes, noch Anzüglichkeiten. So liegt am Boden die „Eselskomödie“ des Plautus aufgerollt, in der der junge Liebhaber Argyrippus 20 Minen aufbringen muß, um über manche Schwierigkeiten hinweg seine Geliebte Philaenium zu bekommen. – Am Bogen der Amorette hängt eine weiße Taube, die Treue symbolisierend – „Fidelitas“ steht denn auch auf ihrem Halsband; eine herabfallende Goldmünze fügt ihr eine blutende Verletzung zu. – Am rechten Bildrand umschwärmen Nachtfalter die von einer Öllampe beleuchtete Statuette der Abundantia. Doch sie

ASINARIA.

verbrennen in der Flamme und fallen herab. Es war nicht schwer zu erraten, daß mit den Nachtfaltern die Liebhaber gemeint waren. Danae sitzt mit Pfauenfedern (Eitelkeit!) geschmückt – unberührt von allem, was um sie herum vorgeht – in sich selbst versunken da, beschäftigt nur mit den Goldmünzen und der eigenen Schönheit. Doch der Spiegel hat einen Sprung ...
Dieses Bild der Eitelkeit, der Egozentrik und der Käuflichkeit löste einen solchen Skandal aus, daß Mademoiselle Lange ihre Theaterkarriere aufgeben mußte. Girodet hatte sich gründlich gerächt!

Hogarth: „Der Ehevertrag"

Mit William Hogarth beginnt in England jene Art von Karikatur, die das Individuum in seiner Abhängigkeit von der Gesellschaft aufs Korn nimmt. Er prangert die Schwächen der Gesellschaft seiner Zeit in realistischer Weise an, aber auch wieder so humorvoll, daß die von ihm eigentlich getadelten Kreise sogar noch applaudieren. Hogarth ist ein künstlerischer Außenseiter, ein Original, das nicht mit den gleichen Maßstäben wie seine Rokoko-Zeitgenossen gemessen werden kann. Schon sein künstlerischer Werdegang ist ungewöhnlich. Ursprünglich arbeitet er als Uhrmacher, dann als Kupferstecher und wird erst als 30jähriger Maler. Obwohl er keine Schüler hat, wie es bei den großen Malern damals üblich war, werden seine Themenzyklen durch eine Reihe von Nachahmern rasch verbreitet.

Statt des Verspielten, leichthin Tändelnden des Rokoko will er, wie er selbst bekundet, „moderne Moralstücke" schaffen. Sein Anliegen verwirklicht er in mehreren Bilderzyklen, von denen die „Heirat nach der Mode" einer der bekanntesten ist. Der „Ehevertrag" ist das erste Bild dieses Zyklus'. Die Komik der Situation besteht in dem Zusammenprall zweier Welten. Geldadel und Blutadel treffen aufeinander, um durch die Heirat ihrer Kinder ihre jeweiligen Vor- und Nachteile auszugleichen, ganz nach dem merkurischen Prinzip des „do ut des" – ich gebe, damit du gibst. Was der eine hat, adelige Herkunft und das damit verbundene Sozialprestige, fehlt dem anderen, aber umgekehrt kann der reiche Emporkömmling mit seinem Geld und seinem Vermögen auftrumpfen.

William Hogarth (1697–1764): „Der Ehevertrag“
(aus dem sechsteiligen Zyklus „Marriage à la mode“);
London, National Gallery

Die möglichen Argumente für eine solche Heirat, die mit Liebe so gar nichts zu tun hat – Hogarth hat sie auf dem Bild alle zusammengetragen. Mit übertriebenem Selbstbewußtsein zeigt der Adlige auf sich selbst und den ausgerollten Stammbaum. Daß er dabei in Wirklichkeit gar nicht so sicher „dasteht", deuten schon sein verbundener Fuß und die beiden Krücken an. Der Blick fällt aus dem Fenster auf ein eingerüstetes Gebäude, den Bauplan dazu vergleicht der Herr am Fenster. Aber wovon bezahlen? Die Schuldverschreibung, auf die der Adelige eben hingewiesen wird, läßt an seiner Liquidität zweifeln. Der Reiche prüft genau, den Zwicker auf der Nase, den Ehevertrag. Neben ihm liegen die leeren Geldsäcke, die Münzen sind auf dem Tisch aufgehäuft.

Hier geht es um ein Geschäft, nicht um die Zukunft zweier junger Menschen. Folgerichtig sitzt das junge Paar auch am Rande des Bildes. Miteinander anzufangen wissen sie nichts. Der Bräutigam nimmt mit gezierter Handhaltung eine Prise, er schaut ein wenig indigniert, sich wohl auch seines „Werts", nämlich der Abstammung, bewußt, weg von der Braut, die einen traurigen, resignierenden Eindruck macht.

Daß die Abhängigkeit von sozialen Zwängen sogar die Heirat zu einem Handelsobjekt werden läßt, verurteilt Hogarth in diesem Zyklus, und er zeigt in den weiteren Bildern, daß ein solch unmenschliches Geschäft keine ausreichende Basis für eine glückliche Ehe ist.

Liebe ist etwas Ideelles, Heiraten etwas Reelles; und nie verwechselt man ungestraft das Ideelle mit dem Reellen

Goethe

Geld und Spiel

Über Jahrhunderte hinweg haben Philosophen darüber gegrübelt, was die eigentliche Faszination des Spiels auch und gerade für den erwachsenen Menschen ausmacht. Leibniz und Kant, Schiller und Huizinga, Gehlen und Freud, um nur einige zu nennen, sind dabei zu den unterschiedlichsten Ergebnissen gekommen, doch alle stimmen darin überein, daß das Spiel ein menschliches Urphänomen sei. Zu allen Zeiten, in allen Kulturen und in allen sozialen Schichten hat es die Menschen in seinen Bann gezogen. Das Spiel bereite angenehme, lustvolle Gefühle, es sei eine „Oase des Glücks" – so oder ähnlich wird es formuliert.

Gegen Ende des 14. Jahrhunderts wird es in Europa üblich, beim Karten- und Würfelspiel Geld einzusetzen. Dadurch wird die Spannung noch erhöht. Der „spielende Mensch" fühlt sich magisch festgehalten, er ist in Gefahr, zum süchtigen „Spieler" zu werden.
Spiel und Glücksspiel wurden daher erbittert bekämpft. So ist es eine Kuriosität der Kulturgeschichte, daß wir die meisten Spiele vergangener Jahrhunderte aus Erlassen und Dekreten der Obrigkeit kennen, die das Glücksspiel verboten und mit schweren Strafen bedrohten – offensichtlich ohne großen Erfolg, was daraus hervorgeht, daß sie fast jährlich wiederholt werden mußten! Die Regierungen waren gegen das Glücksspiel, weil sie darin einen Nährboden der Kriminalität sahen, denn man rechnete mit Mord und Totschlag beim Falschspiel, das dem Glücksspiel fast immer auf dem Fuß folgte, oder damit, daß Familienväter, die dem Spielrausch verfielen, ihren Unterhaltspflichten nicht mehr nachkommen würden.
Aber nicht nur die Obrigkeiten, auch die asketischen Hochreligionen verurteilten das Spiel. Mohammed verbot es den Gläubigen in der 5. Sure des Koran: „Durch Wein und Spiel will der Satan nur Feindschaft und Haß unter Euch stiften und Euch vom Dank an Gott und von der Verrichtung des Gebetes abbringen". Und in den christlichen Bußpredigten des Mittelalters wird mit besonderer Heftigkeit gegen den „Spielteufel" angegangen. Die in erzieherischer Absicht gemalten, abschreckenden Höllensturzszenen enthalten deshalb gelegentlich Tric-Trac- und Karten-Spiele.
Der homo ludens, der spielende Mensch, muß für die Künstler aller Stilepochen ein Ideal-Thema gewesen sein. Spielszenen sind immer dramatisch, und es gibt wohl kaum eine Situation, in der der Mensch so unverhüllt Enttäuschung, Verblüffung, Ärger und Freude zeigt wie im Spiel.

O würfle nur gleich
Und mache mich reich
Und laß mich gewinnen!
Gar schlecht ist's bestellt,
Und wär ich bei Geld,
So wär ich bei Sinnen.

Goethe, (Faust I, Hexenküche)

van Leyden: „Die Kartenspieler"

Lucas van Leyden, Kupferstecher in der alten holländischen Tradition, nahm vor allem Dürer zum Vorbild, mit dem er 1521 in Antwerpen zusammentraf. Aber auch die italienische Kunst gab seinem Werk Impulse. Obwohl seine Gemälde von einer außerordentlichen Erfindungsgabe zeugen und in der Auswahl der Bildthemen wie auch in ihrer Bearbeitung eine erstaunliche Eigenständigkeit beweisen, wird sein graphisches Werk in der Kunstgeschichte allgemein höher bewertet.

Bei den „Kartenspielern" nutzt Leyden die Spielsituation, um eine ganze Palette unterschiedlicher Gemütsverfassungen nebeneinanderzusetzen, von aggressiver Erregung bis zur Enttäuschung, von Pfiffigkeit bis zur Nachdenklichkeit. Der offensichtlich überraschende Spielverlauf bei einem hohen Geldeinsatz hat schlaglichtartig ein ganzes Seelenpanorama erleuchtet. Geld, sehr viel Geld in großformatigen Goldmünzen ist im Zentrum des Bildes zu Häufchen geschichtet. Seine Bedeutung für diese Gruppe wird noch dadurch unterstrichen, daß von allen Seiten darauf gedeutet wird. Doch die Blicke des Betrachters werden nicht von den Münzen angezogen, sondern von den Gesichtern der Menschen. In ihrer Mimik versucht man, ihre Geschicke zu erfassen.

Der psychologisch feinen Beobachtung steht eine wenig „realistische", also perspektivisch ausgearbeitete, Raumgestaltung entgegen. Es dominieren keine festen, strengen Raumbeziehungen, die Figuren sind locker zusammengefügt, gehalten durch das Band des gemeinsamen Spieles. Und die Menschen sind zwar in den Raum gestellt, haben aber selbst wenig körperliche Tiefe, wenig Plastizität.

Lucas van Leyden (um 1489 oder 1494–1533): „Die Kartenspieler“; Washington, National Gallery of Art

Wenn sie nicht hören, reden, fühlen,
Noch sehen, was tun sie denn? Sie spielen!

Magnus Gottfried Lichtwer

Bruegel d. J.: „Streit ums Geld"

Pieter Bruegel d. J. ging als Künstler deutlich in den Fußstapfen seines sehr viel berühmteren Vaters Pieter Bruegel d. Ä. Er soll ein guter Schüler des „Bauern-Bruegel" – ein Beiname, der den Vater zu Unrecht auf einen Teil seines Spätwerks einengt – gewesen sein und seine Bilder hervorragend kopiert und variiert haben. In seinen eigenständigen Bildschöpfungen gestaltete er vor allem Winterlandschaften, Spukszenen, Brände, Kirmes, bäuerliche Feste und Szenen aus dem Neuen Testament. Seine Neigung zur Darstellung des Dämonischen, die in der Nachfolge von Hieronymus Bosch auch bei seinem Vater schon auszumachen war, mag ihm den Beinamen der „Höllen-Bruegel" eingetragen haben.

Seine Malerei ist kleinteilig, detailreich, von auffallender Buntheit der Kleidung und dabei oft dissonant in der Farbgebung. Dissonant sind auch inhaltlich viele seiner Szenen; sie kippen oft ins Gegenteil – vom gerade noch fröhlichen Zechen zur Rauferei, von der Idylle ins Gespenstische.

So ist es auch hier. Bauern haben sich zusammengefunden, um ihren Feierabend fröhlich miteinander zu begehen. Man amüsiert sich beim Zechen und Tanzen und diese Gruppe hier beim gemeinsamen Würfelspiel. Es wird um Geld gespielt. Plötzlich gibt es eine Meinungsverschiedenheit und schon ist ein Handgemenge daraus entstanden. Auch Pieter Bruegel d. J. nützt die unvermutete Wende des Spiels, um mit großem Einfühlungsvermögen und feiner Beobachtungsgabe verschiedene Charakterstudien nebeneinanderzusetzen.

Pieter Bruegel d. J. (1564–1638): „Bauerntanz in einer Dorfschänke“
(hier Detail: nach dem Würfelspiel der Streit ums Geld);
Pommersfelden, Schloß Weißenstein

Honthorst: „Die Falschspieler“

Honthorst ging in seiner Geburtsstadt Utrecht zunächst zu Abraham Bloemaert in die Lehre. 1610 zog es ihn – gerade zwanzigjährig – nach Rom, wo er 10 Jahre lang lebte und arbeitete. Seine italienische Zeit brachte Honthorst mit vielen Künstlern auch in Bologna und Venedig zusammen, doch unverkennbar ist bei ihm nur der Einfluß Caravaggios, dem er allerdings selbst nicht mehr begegnete. Das Unmittelbare, und Suggestive der Lichtgebung in Caravaggios Bildern hat Honthorst aufgegriffen, ohne das Vorbild einfach zu kopieren. Während z. B. Caravaggio ein sogenanntes Kellerlicht, ein von außen seitlich einströmendes Licht, benutzt, führt Honthorst eine künstliche Lichtquelle im Bild selbst, meist Kerzenlicht oder Fackelschein, ein, die oft noch – wie auch in unserem Beispiel – verdeckt wird. Dieser Vorliebe wegen, die sein ganzes Werk durchzieht, bekam Honthorst in Italien den Beinamen „Gerardo della Notte“. Er nützt die beiden Wirkungen, die eine solch ausgeprägte Licht-Schatten-Verteilung hat: Die Figuren gewinnen eine naturalistische Plastizität, und die Dramatik der Handlung wird gesteigert.

Auch die „Falschspieler“ leben von dieser Wirkung. Eine Runde kartenspielender Menschen könnte Feierabendstimmung und Gemütlichkeit verströmen. Erst die Lichtgebung macht den etwas unheimlichen Charakter des Bildes aus, läßt ahnen, daß nicht nur gespielt, sondern um Geld und falsch gespielt wird. Voller Spannung wartet der vom Kerzenlicht hell beleuchtete Spieler auf den Zug des Gegenspielers. Ob ihm der junge Mann mit den drei erhobenen Fingern einen Hinweis geben will, ob er mit ihm gemeinsame Sache macht?

Pferdehufen, Katzenklauen
Und Spielerhänden ist nicht zu trauen.

Deutsches Sprichwort

Gerard van Honthorst (1590–1656): „Die Falschspieler";
Wiesbaden, Museum

Georges de la Tour (1593–1652): „Der Falschspieler“; Paris, Louvre

Erst zu Anfang unseres Jahrhunderts wurde La Tour wiederentdeckt, und erst mit dem „Falschspieler“, der im Gegensatz zu den meisten anderen Bildern signiert ist, konnte man ihm 1926 rund zwanzig seiner „Tagstücke“, darunter den berühmten „Drehleierspieler“, sicher zuordnen. So fragmentarisch der Werkkatalog blieb, so punktuell sind auch die biographischen Daten. Man weiß, daß er seit 1620 in Lunéville in Lothringen als anerkannter Maler lebte, daß er eine große Werkstatt mit vielen Schülern unterhielt und daß er sich einen aufwendigen Lebensstil leisten konnte, weil seine Bilder hohe Preise erzielten. Als Ludwig XIV ein Gemälde von La Tour sah, war er so begeistert, daß er ihn zum „peintre du Roy", zum Hofmaler, machte.

Aufgrund seines Stils nimmt man an, daß er in Rom der Hell-Dunkel-Malerei des Caravaggio begegnet sein muß. Bis heute gibt es allerdings keinen Beweis für diese Reise, die deshalb hypothetisch bleibt. Möglich wäre auch, daß er in Lothringen von italienischen oder flämischen „Caravaggisten" beeinflußt wurde.

Schon zu Beginn seines Schaffens setzte er sich deutlich von den Malern seiner Zeit ab. Ein knapper Malstil, Verzicht auf szenisches Beiwerk, oft harte Konturen, immer wiederkehrende Modelle von scharf und eigenwillig geprägten Gesichtszügen machen seine Bilder unverwechselbar. Auf Idealisierung verzichtete er oft zugunsten eines Realismus, der durch die Ausleuchtung der Bilder, durch die Plastizität, die Licht und Schatten hervorrufen, noch verstärkt wird.

„Der Falschspieler" gehört zu La Tours zweiter großer Schaffensperiode, in der er „Nachtstücke" bevorzugte. Meist werden die Figuren durch eine gebündelte Lichtquelle, z. B. eine Kerze, nur partiell beleuchtet, der Hintergrund verschwindet ganz, und etwas Geheimnisvolles, Rätselhaftes liegt über Tod und Geburt, Gebet und Krankenpflege, Spielleidenschaft und Betrug – Themen, die die Affinität zur Nacht schon in sich tragen.
In dieser Spielszene liegt die Dramatik nicht in einem überraschenden Spielverlauf oder einem erschreckenden Spiel-Ende, sondern darin, daß in unheimlicher Ruhe ein Geschehen abläuft, von dem der Betroffene noch nichts ahnt, während der Betrachter gewissermaßen als Komplize miteinbezogen wird. Während ein reicher junger Mann sich in seine Karten vertieft, machen Blikke und Handbewegungen der anderen drei deutlich, daß es sich um ein Komplott handelt. Der Falschspieler zeigt hinter seinem Rücken das entscheidende Karo-As, eine Bedienstete bringt Wein, doch ihr Seitenblick läßt ahnen, daß sie nicht freundlich bedient, sondern daß auch dieses Mittel, der Alkohol, eingesetzt werden soll, um den jungen Mann zu übervorteilen. Schließlich im Bildmittelpunkt die Kurtisane, die diesen Betrug zu dirigieren scheint. Ihr seltsam glattes Gesicht wirkt eiskalt berechnend. Daß sich die Blicke der Verschwörer nicht treffen, obwohl alle aus dem Augenwinkel heraus den heimlichen Kontakt suchen, macht die ganze Szene noch unwirklicher. Der harte Kontrast von Hell und Dunkel beinahe ohne Zonen des Halbschattens nimmt dem Gemälde die Realität; aus der naturalistischen Abbildung der äußeren Wirklichkeit wird – fast mystisch erhöht – die Wiedergabe innerer, psychischer Wahrheit. Hell steht gegen Dunkel, List gegen naive Treuherzigkeit. Dieser knisternde Spannungszustand beunruhigt den Betrachter und zieht ihn gleichzeitig in seinen Bann.

Glückspiel ist das Kind der Habsucht, der Bruder der Sittenlosigkeit und der Vater des Unheils.

George Washington

Flüggen: „Der Spieler"

Flüggen – von den Zeitgenossen geschätzt, heute nahezu vergessen – gilt als Maler „dramatischer Rührstücke". Er gestaltet mit Vorliebe Szenen, in denen lang aufgestaute Spannungen sich mit Urgewalt und plötzlich entladen wie bei einem Dammbruch, während die Umwelt gebannt auf die Betroffenen blickt, so bei seiner „aufgelösten Verlobung", bei der „Prozeßentscheidung" und auch beim „Spieler".
Wo sich eben noch Furcht und Hoffnung die Waage hielten, hat in einem einzigen Augenblick das Spiel-Ende über das Schicksal eines Menschen entschieden. Die Hauptfigur – der Maler hat sie nicht nur in den Bildmittelpunkt gerückt, sondern auch durch das leuchtende Grün seines Mantels hervorgehoben – hat alles auf eine Karte gesetzt und alles verloren. Der Gewinner streicht das Geld ein und blickt dabei wie die anderen Beteiligten voller Spannung auf den Unglücklichen. Schadenfreude, Anteilnahme, Sorge und Mitleid zeichnen sich auf ihren Mienen ab.

Soweit gleicht die Ikonographie noch ganz den traditionellen Spiel-Bildern, obwohl hier das etwas schmuddelige Kneipeninterieur einen Biedermeier-Akzent setzt. Hinzu kommt – typisch für das 19. Jahrhundert – die Darstellung der sozialen Problematik, nicht oder noch nicht im Sinne einer Anklage, nur objektiv darstellend: Frau und Kind verdeutlichen die verzweifelte Situation des Verlierers, der in sich zusammengesunken, mit starrem Blick wie in die Abgründe sozialer Hoffnungslosigkeit schaut. Die verheerende Wirkung einer Sucht, dem Alkoholismus vergleichbar, ist hier stimmungsmäßig eingefangen.

Gisbert Flüggen (1811–1859): „Der Spieler";
Mainz, Mittelrheinisches Museum

Künstler-Verzeichnis